MY SPEAKING ENGLISH Ⅱ

김재신 저

도서출판
구미서관

머리말

현대를 살아가면서 다른 사람들과 어깨를 나란히 하며 뒤처짐을 느끼지 않는 삶을 살기 위해서는 영어가 필수적이다. 물론 전공도 중요하지만 전공 서적의 이해도를 높이고 공부 속도를 향상시키기 위해서는 영어가 꼭 필요하기 때문이다.

영어라고 하면 무조건 어렵게 생각하는 경우가 많은데 사실 영어는 말하고, 쓰고, 읽고, 들으면 되는 것이다.

본 책에서는 수학에 공식이 있듯이 영어의 공식, 즉 회화의 공식을 만들어 그 공식에 대입만 하면 다양한 표현을 자신감 있게 할 수 있는 학습방법을 채택하였다. 그러므로 누구든지 이 책과 접하면 빠른 시간 안에 영어회화 실력을 향상시킬 수 있을 것이다.

이 책의 특징은 다음과 같다.

■영어 회화의 공식화
■영작문의 공식화
■공식의 활용으로 인한 다양한 표현
■실생횔에 필요한 다양한 어구이 습득

또한 이 책으로 학습을 함으로써 얻을 수 있는 이점은 다음과 같다.

- 첫째, 무조건 외우는 것이 아닌 회화의 공식화, 영작문의 공식화 등 공식의 활용을 통한 학습을 함으로써 보다 쉽게 다양한 표현을 구사할 수 있다.
- 둘째, 실생활에 필요한 어구를 자연스럽게 습득함으로써 자신있게 영어 회화를 할 수 있다.

본 책은 남녀노소를 불문하고 누구든지 쉽게 접할 수 있도록 구성하였기 때문에 본인 스스로 영어실력의 향상을 느끼며 그로 인해 자신감 넘치는 회화를 구사할 수 있을 것이다. 어떤 사람, 어떤 상황에서도 당당하게 나설 수 있는 자신감을 이 책을 통해 가져보자.

끝으로 오늘날 나를 있게 해주신 나의 스승님이신 정영언 선생님과 이 책이 발간되기까지 처음부터 끝까지 도움을 주신 위풍환 박사님께 진심을 담은 깊은 감사를 드립니다.

CONTENTS

chapter 01

I didn't mean it.

고의가 아니었습니다.

1 Sam Hurry up, Tom. It's getting dark.

2 Tom Wait a minute, Sam. Let's take a break for a while.
(1)

3 Sam On, come on! Step on the gas.
(2)

4 Tom You're mean! I have a touch of the flue, you know.
(3) (3)

5 Sam There you go again.
(5)

6 Tom You don't understand me.

7 Sam Okay, when you've come to your senses let me know.
(6)

8 Tom I thought you had a lot of nerve.
(7)

9 Sam Well, this kind of talk isn't doing any good, Tom come on,
Just follow me.

10 Tom I'd like to get some rest here, Sam.
(8) (9)

---

1 Sam 빨리 빨리 서둘러요. 점점 어두워지고 있어요.
2 Tom 좀 기다려요, 샘. 잠깐 동안 휴식 좀 취합시다.
3 Sam 아이 참! 서두르라니까요.
4 Tom 너무하네요! 전 감기기 기운이 있단 말이에요.
5 Sam 또 그러시네.
6 Tom 남의 속도 몰라주시군요.
7 Sam 좋아요. 후회되면 나중에 알려줘요.
8 Tom 당신 배짱 좋은 걸로 알고 있었는데.
9 Sam 이런 걸 논해봐야 문제가 해결되지 않아요. 톰, 어서 나만 따라와요.
10 Tom 전 여기서 휴식을 취하고 싶어요, 샘.

⑪ Sam What difference does it make?
(10)

⑫ Tom Anyway, come on here and let's go into the huddle.
(11)

⑬ Sam Okay, I'm listening.

⑭ Tom I hear Ted play house nowadays.
(13)

⑮ Sam You'd better not gossip about him behind his back.
(12) (14)

– A few minutes later –

⑯ Tom Take it easy, Sam. I'll be with you in a minute.

⑰ Sam It's up to you. I'm afraid of the dark, you know.
(15)

⑱ Tom Oh, I see now. I didn't think of that.

⑲ Sam That's why I'm in a great hurry now.

⑳ Tom Haste makes waste.

---

⑪ Sam 그런들 무슨 소용이 있겠어요?
⑫ Tom 하여튼 이리 와서 밀담이나 하자고요.
⑬ Sam 좋아요, 듣고 있어요.
⑭ Tom 듣자하니 테드가 요즘 바람피운다고 하던데요.
⑮ Sam 그 사람 뒷전에서 그를 험담하지 않는 게 좋을 걸요.

– 몇 분 후 –

⑯ Tom 샘, 진정하세요. 곧 갈게요.
⑰ Sam 알아서 하시구려. 난 어둠이 두렵단 말이에요.
⑱ Tom 아, 알겠습니다. 제가 그 생각을 미처 못 했습니다.
⑲ Sam 제가 너무 바빠서 그래요.
⑳ Tom 급할수록 침착하자고요.

Notes on Conversation

(1) S + take a break.

S는 잠시 휴식을 취하다

예문

① Let's take a break.
좀 쉬었다 합시다.

② Let me take a break.
저 좀 쉬게 해주세요.

③ You'd better take a break.
당신은 쉬는 게 좋겠어요.

(2) Step on the gas.

(서두르다, 《자동차에서》 스피드를 올려라)

예문

① Step on the gas because we're in a great hurry.
우린 너무 바쁘니까 서두르세요.

② I can't step on the gas. There's too much traffic.
저는 이 이상 속력을 낼 수는 없습니다. 교통이 너무 혼잡해서요.

③ Let's step on the gas because it takes more than 10 hours to get there.
거기에 도착하려면 10시간 이상이 걸리기 때문에 서두릅시다.

(3) You're mean! 너무 하십니다! 너무 야속합니다!

어떤 지인에게 어떤 일을 요청했을 때 그 자리에서 거절당했다면 '너무 하십니다' 라는 표현을 쓸 수 있다.

대화

① A : I'd like to go to the moves with you today.
저는 당신과 영화 보고 싶은데요.
B : I'm sorry but I wouldn't do that.
미안하지만, 그렇게 하고 싶지 않습니다.
A : You're mean! 참 너무하시네요!

② A : Can you do me a favor? 부탁하나 드려도 될까요?
B : That depends on what it is.
무슨 부탁인지 들어보고 결정할께요.
A : You're mean! 정말 너무하십니다.

③ A : Sam, can you do me a favor? 샘, 부탁 좀 들어 주실래요?
B : What's that? 뭔데요?
A : I know you have money to burn. Will you lend me some money?
당신에게는 돈이 엄청 많은 걸 알고 있어요. 돈 좀 빌려 주실래요?
B : I don't feel like. 그러고 싶지 않은데요.
A : You're mean! 정말 너무하시네요!

(4) S + have a touch of + N.

S에게 N기가 있다.

예문

① I have a touch of flu now.
나에겐 지금 독감기가 있어요.

② I have a touch of tonsillitis.
나에게 편도선염기가 있어요.

③ I have a touch of arthritis in my knee.
나는 나의 무릎에 약간 관절염 증상이 있다.

(5) There you go + ~ing again.

또 ~ing 하는 군. (전형적인 행태를 비판할 때 사용하는 표현이다.)

예문

① There you go smoking again.
또 담배를 피우는구먼.

② There you go crying again.
또 우는구나.

③ There you go saying such things again.
이 사람 또 그런 소리를 하네.

(6) come to one's senses

제정신이 들다, 정신이 들다

예문

① Hey, come to your senses.
이봐, 정신 좀 차려라.

② Don't hang around with her any more. Come to your senses.
그녀와 더 이상 어울려 다니지 마라. 정신 똑바로 차려.

③ You'd better come to your senses.
정신 차리는 게 좋을 걸.

(7) S + have a lot of nerve.

S는 배짱이 두둑하다.

예문

① She has a lot of nerve.
그녀는 배짱이 세다.

② Do you have a lot of nerve?
넌 배짱 좀 있니?

③ What's the use of having a lot of nerve?
배짱이 있다고 해도 무슨 소용이 있어요?

(8) I'd like to + V.

난 V를 하고 싶어요.

예문

① I'd like to speak with her.
난 그녀와 통화하고 싶어요.

② I'd like to introduce myself to you.
전 저를 당신에게 소개하고 싶어요.

③ I'd like to have a cup of coffee now.
저는 지금 커피 마시고 싶어요.

(9) S + get some rest.

S는 약간의 휴식을 취하다.

예문

① I'd like to get some rest.
저는 좀 쉬고 싶어요.

② You look dead tired. You'd better get some rest.
몹시 피곤해 보이군요. 좀 쉬세요.

③ The children are too tired after the field trip on the zoo. Let them get some rest.
아이들이 동물원 견학을 다녀온 후 몹시 피곤해 합니다. 좀 쉬게 합시다.

(10) What difference does it make? 그런다고 뭐가 달라지나요? What difference does it make if+clause?

~한들 달라질 게 있나요?

예문

① What difference does it make if I make a lot of money?
내가 돈을 많이 번다고 달라질 게 있어요?

② What difference does it make if I have a date with her?
그녀와 데이트를 한들 무슨 소용이 있어요?

③ What difference does it make if I am good at science?
제가 과학을 잘한들 달라질 게 있어요?

(11) S + go into a huddle with~.

~ S는 ~와 밀담을 하다

예문

① They go into a huddle with each other.
그들은 서로 밀담을 나눈다.

② He went into a huddle with his boss over there.
그는 사장님과 저기에서 밀담을 했어요.

③ You' d better not go into a huddle with anybody.
넌 그 누구와도 밀담을 하지 않도록 해라.

(12) I hear + clause.

듣자하니 ~이라 하더라, 소문에 의하면 ~라고 하더라.

예문

① I hear you won a promotion. Treat us to me a drink.
듣자하니 너 승진했다면서. 나한테 술 한 잔 내라.

② I hear you were a victim of a fraudulent marriage
듣자하니 너 사기결혼 당했다면서.

③ I hear you passed the written test.
듣자하니 너 필기시험에 합격했다면서.

(13) play house 소꿉놀이하다, 바람피우다

어린이에게는 '소꿉놀이하다' 라는 뜻이며, 어른에게는 '바람피우다' 라는 뜻이 된다.

예문

① The little children are playing house.
어린 아이들이 소꿉장난을 하고 있다.

② Don't play house right here.
바로 여기에서 소꿉놀이 하지 마라.

③ You mustn't play house for anything.
넌 무슨 일이 있더라도 바람피우면 안 돼.

(14) S + gossip about

S는 …에 대해 험담하다, …에 대한 소문.

예문

① You'd better not gossip about him behind his back.
그의 뒷전에서 그에 대한 험담을 하지 마라.

② We don't have to gossip about the boss.
우리 사장님에 대한 험담을 할 필요가 없어요.

③ I don't care about the gossip about us.
우리에 관한 험담에 대하여 신경 쓰지 않는다.

chapter 02

Everything's all over now.

모든 것은 다 끝났다.

❶ K Now that I'm retired from the service, I'll get a job.
(1) (2)

❷ C There is no need to get a job.
(3)

❸ K Why not?

❹ C You're made of money, aren't you?
(4)

❺ K What do you mean? I'm heavily in debt now.
(5)

❻ C You're kidding! And your sweet-heart is quite a pretty girl, too.
(6)

❼ K Wait! Let me tell you something.

❽ C It's now or never. Get married to her right away.
(7)

❾ K The office girl is not my lover. You must be dreaming.
(8)

---

❶ K 나 이제 막 군 제대를 해서 직업을 구할까 봐.
❷ C 구직활동을 할 필요는 없어.
❸ K 왜?
❹ C 넌 돈방석에 앉아 있잖아?
❺ K "무슨 소리야"? 난 지금 빚에 쪼들리고 있다니까.
❻ C 농담이지! 그리고 너의 애인도 아주 미인이잖아.
❼ K 잠깐! 내 말 좀 들어봐.
❽ C 이번 기회가 가면 다시는 오지 않아. 그 여자와 서둘러 결혼해.
❾ K 그 여사원은 내 애인이 아니야. 너 지금 정신 나간 소리를 하고 있구나.

10 C Anyway you have everything a man could wish for.
(9)

11 K How terrible! I'm to marry you.
(10)

12 C It doesn't matter.
(11)

13 K What a pack of complaints!
(12)

14 C All I have to do is to live and die.
(13)

15 K Please don't get me wrong.
(14)

16 C No one is to blame.
(15)

17 K What's wrong with me? Explain!

18 C Take it easy. It's as it were, an act of God.
(16)

19 K No. You're quite wrong.

20 C Everything's all over now.

---

10 C 여하간 넌 남자로서 받을만한 복은 다 받았어,
11 K 원 저런! 나 너와 결혼하려고 하는데.
12 C 그건 말도 안 돼.
13 K 불평이 많군!
14 C 인생이란 살다 죽으면 끝나는 거야.
15 K 제발 날 오해하지 마.
16 C 불평할 것도 없지 뭐.
17 K 내가 뭘 잘못 했니? 해명해봐.
18 C 진정해. 그것은……, 말하자면, 하나님의 뜻이야.
19 K 아니야. 넌 크게 잘못 생각하고 있어.
20 C 모든 것은 다 끝났어.

Notes on Conversation

(1) S + retire from~
~에서 은퇴하다

예문

① Why did he retire from her job at the university?
대학에서 왜 퇴임했을까요?

② I was retired from the service. 난 군에서 제대했다.

③ Are you going to be retired from the air force next month?
당신은 다음 달에 공군에서 제대합니까?

(2) S + get a job
S는 직장을 얻다

예문

① I'm in a position to get a job now.
난 지금 일자리를 얻어야 할 형편이야.

② He'll never get a job that way.
그는 그런 방법으로는 직업을 결코 구하지 못할 것이다.

③ I really want to get a job.
난 정말 직업을 갖고 싶어.

(3) (there) is no need to + V.
V를 할 필요가 없다 = need to + V.

예문

① There is no need to talk about that.
그것에 관해 말할 필요가 없다.

② There is no need to think it over.
그것에 대해 심사숙고할 필요 없다.

③ No need to make a fortune.
재산을 모을 필요 없어.

(4) S + be made of money

S는 돈이 엄청나게 많다, 엄청난 갑부다.

예문

① He is made of money.
그는 엄청나게 돈이 많다.

② Do you think I'm made of money?
넌 내가 갑부인줄 아니?

③ You don' t have to make money because you're made of money.
당신은 부자이기 때문에 돈 벌 필요가 없어요.

(6) be heavily[deeply] in debt

빚이 많다

예문

① He is heavily in debt. 그는 빚이 많다.

② I'm in a position to make a lot of money because I'm heavily in debt.
난 부채가 많아서 돈을 많이 벌어야 할 형편이다.

③ I can't make up my mind because I am heavily in debt.
난 빚이 너무 많아서 고민 중이다.
▸ I can't make up my mind. 난 고민 중이다.

(6) S + be quite a pretty girl.

S는 상당히 미인이다.

예문

① Your sweet-heart is quite a pretty girl.
당신 애인은 대단한 미인입니다.

② I'd like to search for quite a pretty girl.
난 미녀를 찾고 싶어.

③ I will get married with quite a pretty girl.
난 엄청 예쁜 여자와 결혼할 거야.

(7) get married to

…와 결혼하다

예문

① I want to get married to her.
난 그녀와 결혼하고 싶어요.

② Don't you want to get married to me?
저랑 결혼 안 할 거예요?

③ Get married to her right as soon as possible.
가능한 한 빨리 그녀와 결혼해.

(8) You must be dreaming.

너 꿈꾸고 있는 모양이구나, 너 지금 얼빠진 소리하고 있구나, 정신 나간 소리하고 있구나.

대화

① A : I wish I could meet her.
난 그녀를 만날 수 있다면 얼마나 좋을까.
B : You must be dreaming.
얼빠진 소리하고 있구나.

② A : I wish I could become a millionaire.
난 갑부가 되면 좋겠다.
B : You must be dreaming.
너 지금 꿈꾸고 있구나.

③ A : I wish I could have money to burn.
돈이 많으면 좋겠다.
B : You must be dreaming.
얼빠진 소리하고 있구나.

(9) S + have everything ~ could wish for.

S는 ~로서 받을 복은 다 받았다.

예문

① You have everything a woman could wish for.
당신은 여자로서 받을 복은 다 받았어요.

② You have everything a an architect and engineer could wish for.
당신은 건축 기술자로서 받을 복은 다 받은 거예요.

③ She has everything a housewife could wish for.
그녀는 가정주부로서 받을 복은 다 받았습니다.

▶ be to 용법에 대하여 : 운명, 예정, 가능, 의무, 목적, 의도

1) ~하는 것이다. to부정사의 명사적 용법
All I want is to talk to you.
내가 원하는 것은 너에게 말하는 것이다.

2) ~해야 한다
All I have to do is to study harder.
내가 해야 할 것은 더욱 더 공부를 열심히 하는 것이다.

3) ~할 예정이다.
① He is to arrive at 3.
그는 3시에 도착할 예정이다.

(10) S + be to + V.

S는 V를 한다.

예문

① My father is to come to Korea tomorrow. 예정
나의 아버지는 내일 한국에 오실 예정이다.

② We are to see a variety of people in the street every day. 가능
우리는 거리에서 다양한 사람을 만날 수 있다.

③ Tom and Mary are to part someday even if they loved. 운명
톰과 메리는 비록 사랑했지만 언젠가는 헤어질 운명이었다.

④ The young are to look up to the old. 의무
젊은이들은 노인들을 존경해야 한다.

⑤ If we are to succeed in life, we will have to do our best as earnestly as possible. 의도
만약 우리가 인생에서 성공하고자 한다면, 우리는 가능한 열심히 최선을 다해야 할 것이다.

(11) It doesn't matter.

그건 상관없어, 말도 안 돼.

예문

① It doesn't matter if it's a day late.
하루 늦는 거라면 괜찮아요.

② It doesn't matter to me what you do.
당신이 무엇을 하든 저는 아무래도 좋습니다.

③ It doesn't't' matter where you are.
네가 어디 있든지 상관없어.

(12) What a pack of complaints!

왜 이렇게 불평이 많은가!

대화

① A : Today is not my day. 오늘은 기분이 안 좋아.
B : What a pack of complaints! 왜 그렇게 불만이 많은가!

② A : I'm in a bad temper now. 지금 저기압이야.
B : What a pack of complaints! 왜 그렇게 불만이 많은가!

③ A : Oh, I'm disgusted with my job now! 아, 내 일에 이제 염증이 난다!
B : What a pack of complaints! 왜 그렇게 불만이 많은가!

(13) All I have to do is to + V.

난 V만 하면 된다.

예문

① All I have to do is to study hard.
넌 공부만 열심히 하면 돼.

② All I have to do is to go by the cook book.
난 요리 책 대로 하기만 하면 된다.

③ All I have to do is to serve for nothing.
난 무료로 봉사만 하면 돼.

▶ serve for nothing 무료로 봉사하다

(14) S + get somebody wrong

S는 ~의 말을 오해하다.

예문

① Don't get me wrong.
날 오해하지 말아요.

② No, you've get it all wrong. She's his wife.
아니에요, 당신이 모두 오해한 거예요. 그녀는 그의 아내에요.

③ Well I'm sorry, I get him wrong.
내가 그를 오해해서 미안하다.

(15) No one is to blame.

아무에게도 잘못이 없다, 불평할 것도 없어요.

예문

① No one is to blame. It was just an accident.
아무에게도 잘못이 없어. 그건 사고였을 뿐이에요.

② No one is really to blame.
진심으로 비난하는 사람은 아무도 없다.

③ There is blame to be apportioned.
배분에 문제가 있다.

(16) as it were

말하자면[이를테면]

예문

① He is, as it were, like a father figure to me
말하자면 그는 아버지 같은 분이다.

② He is a little bit tall, as it were.
말하자면 그는 키가 좀 크다는 말이야.

③ As it were, that is not nothing.
말하자면, 그것은 무의미한 게 아닙니다.

chapter 03

Haste makes waste.

급할수록 침착하라.

❶ J You look worried, Ken.

❷ K Well, I've been plagued by (1) money with a single stroke of pen. (2)

❸ J It's more bluff, isn't it? You can't be serious? (3)

❹ K How dare you (4) speak to me like that?

❺ J By the way, let's make haste. (5)

❻ K What's the hurry, Ken?

❼ J We've got to get there right on time, (6) you know.

❽ K Oh, I forgot it turn off (7) the radio, I'll be right back.

❾ J Okay, be back in a flash. (8)

---

❶ J 켄, 너 걱정이 있어 보인다.
❷ K 음, 난 한 번 서명한 것으로 인해서 돈 때문에 골치를 앓고 있어.
❸ J 거짓말이지, 그렇지? 정말이야?
❹ K 감히 어떻게 그런 말을 하나?
❺ J 그건 그렇고 우리 서두르자.
❻ K 뭐가 그렇게 급하니, 켄?
❼ J 우린 거기에 제시간에 도착해야 한단 말이야.
❽ K 오, 라디오 끄는 것을 깜빡했어. 곧 올게.
❾ J 좋아 빨리 와.

⑩ K Ouch! I'm seeing stars.

⑪ J You bumped into a telephone pole. Are you all right?
(9)

⑫ K Lucky it wasn't an automobile.

⑬ J Haste makes waste, you know

⑭ K But I tried not to keep you waiting long.

⑮ J Are you any better now?

⑯ K Much better, thanks.

⑰ J Thanks to forgetting to turn of the radio,
(10)
we are not getting anywhere.
(11)

⑱ K Right, but the older one grows, the weaker one's memory becomes.

---

⑩ K 아야! 눈에서 별이 번쩍이는구먼!
⑪ J 너 전신주에 부딪쳤구나. 괜찮아?
⑫ K 자동차가 아니라 다행이야.
⑬ J 급할수록 침착해야지.
⑭ K 근데 난 네가 오래 기다릴까봐.
⑮ J 이제 좀 나았어?
⑯ K 많이 좋아졌어, 고마워.
⑰ J 라디오 끄는 것을 잊어버린 덕택으로 아무 데나 못 가겠어.
⑱ K 그래, 나이가 들면 기억력도 쇠퇴해지는 법이야.

Notes on Conversation

(1) S + be plagued by[with]

~ 때문에 홍역을 치르다, ~ 때문에 걱정이다

예문

① I was plagued by doubt.
난 의심으로 괴로워했다.

② She is plagued by poor health.
그녀는 몸이 약해 큰일이다.

③ I've been plagued by you.
난 너 때문에 골치가 아파.

(2) with a single stroke of a pen

한 번 서명한 것으로

예문

① The Government could solve that problem with the stroke of a pen.
정부는 한 번 서명으로 그 문제를 풀 수 있다.

② Any man can do that simply with a stroke of a pen.
어떤 사람이든 한 번 서명으로 단순히 할 수 있습니다.

③ He can resolve this issue at the stroke of a pen.
한 번 서명으로 인해 그는 이 문제를 해결할 수 있다.

(3) You can't be serious?

너 정말이야? 진정이야?

예문

① Can he be serious?
과연 그가 진심일까?

② You can't be serious!
너 설마 진심이 아니겠지!, 너 심각할 필요 없어!

③ He was serious about the matter.
그는 그 일에 관해 진지했다.

(4) how dare you + V?

어떻게 감히 네가 V를 하다니? 누가 한 일에 대한 분노를 나타냄

예문

① How dare you talk to me like that?
어떻게 감히 네가 나한테 그런 말을 해?

② How dare you put my pot on?
어떻게 감히 네가 날 고자질 하니?

③ How dare you are absent from school?
감히 네가 결석을 하다니?

(5) make haste

바삐 서두르다, 빨리하다

예문

① We don't have time so make haste.
우리는 시간이 없으므로 빨리해라.

② Make haste, or you will be late for school.
서둘러라. 그렇지 않으면 학교에 늦을 것이다.

③ We don't have time to finish the work on time so make haste.
그 일을 제시간에 끝내려면 시간이 없으니 서두르시오.

(6) right on time

꼭 제시간에

예문

① I'll be there right on time.
바로 그 시간에 도착할게.

② The bus arrived right on time.
버스는 정확히 제시간에[시간 맞춰] 도착했다.

③ We've got to get there right on time.
우린 거기에 제시간에 도착해야 한다.

(7) turn off

전기 · 가스 · 수도 등을 끄다

예문

① Turn off the television.
T.V.를 꺼라

② You'd better turn off the light right now.
지금 바로 소등하도록 하시오.

③ Will you turn off the radio because it is so loud that I can't sleep?
라디오 소리가 시끄러워서 잘 수 없으니까 라디오를 꺼주시겠어요?

(8) in a flash

즉각으로, 곧, 순식간에[눈 깜짝할 사이에], 즉시, 즉석에서

예문

① It happened in a flash.
그것은 순식간에 일어났다.

② It becomes the cicada in a flash.
그것은 순식간에 매미가 되었다.

③ A week has passed in a flash.
일주일이 순식간에 지나갔다.

(9) bump into somebody

우연히 ~와 마주치다, 부딪히다

예문

① I bumped into a tree on the street.
난 길거리에서 나무와 부딪혔다.

② She bumped into a post.
그녀는 기둥에 부딪혔다.

③ I bumped into her in the street this morning.
오늘 아침에 길에서 그녀와 맞닥뜨렸다.

(10) thanks to somebody/something

~ 덕분에[때문에]

예문

① It was all a great success, thanks to a lot of hard work.
열심히 일한 덕분에 그것은 모두 대단한 성공작이었다.

② Thanks to you, I met my old friend.
당신 덕분에 난 오랜 친구를 만났어요.

③ Thanks to you, I won a promotion.
당신 덕분에 난 승진했어요.

(11) get[go] anywhere

무엇인가 성과를 거두다, 잘 되다

예문

① Luckily they're too foolish to get anywhere with it.
운 좋게도 그들은 너무 어리석어서 성공할 수 없었다.

② We're not getting anywhere.
이러다간 우린 아무 데도 못 간다.

③ Cheaters can't get anywhere.
사기꾼은 절대 성공 못한다.

chapter 04

We belong to each other.

우리는 일심동체이다.

❶ W Breakfast is ready, George.
(1)

❷ H I'm still sleepy, Mary.

❸ W Aren't you going to the office?
Anything's better than you oversleeping yourself.

❹ H Quiet! Don't delay breakfast for me.
(2)

❺ W The child is father to the man. You're a funny egg!
(3)

❻ H Gee, you have a tendency to say that.
(4)

❼ W Put yourself in my position, Dear.
(5)

❽ H Take it easy, Dear.
(6)

We don't have to get annoyed at each other over nothing at all.
(7)

W : Wife / H : Husband

❶ W 아침 식사 준비 됐어요, 조지.
❷ H 아직도 잠이 와요, 메리.
❸ W 출근 안 하실 거예요?
너무 많이 자는 것도 좋지는 않아요.
❹ H 쉿! 나 때문에 아침 식사 늦추지 말아요.
❺ W 어린이는 어른들의 아버지에요. 당신 참 싱거운 사람이군요!
❻ H 이런. 당신은 그런 말 하는 경향이 있어요.
❼ W 여보, 입장을 바꾸어놓고 생각해 보세요.
❽ H 진정해요, 여보.
아무 것도 아닌 것으로 싸울 필요는 없어요.

⑨ W What I'm trying to get at is, it's up to you to raise a family,
(8) (9)
you know.

⑩ H There you go grumbling again.

⑪ W Are you through? Please don't hurt my feelings, George.
(11)

⑫ H Is that all you've got to say?

⑬ W Yes, I'll have to do something about this.
(13)

⑭ H Go right ahead.

⑮ W But wait. I have something to take along.
(14)

⑯ H I said go ahead.

⑰ W You come here, George.

⑱ H What for?
(15)

⑲ Wife I'm going to wrap you up.
(15)

⑳ H Me? Well, you're terrible funny, Dear.
And what day is today, Mary? today is Sunday, isn't it?

---

⑨ W 제가 말씀드리고자 하는 것은, 가족을 부양하는 것은 당신에게 달려 있다는 말이에요.
⑩ H 또 바가지 긁기 시작하는군요.
⑪ W 다 했어요? 제발 내 마음 상하게 하지 말아요, 조지.
⑫ H 기꺼이 한단 소리가 그거에요?
⑬ W 네! 전 이점에 대하여 무슨 대책을 강구해야 되겠어요.
⑭ H 해봐요.
⑮ W 그렇지만 잠깐! 뭐 가지고 갈 것 있어요.
⑯ H 어서 하라고 했잖아요.
⑰ W 당신 이리 와 봐요, 조지.
⑱ H 뭐 때문에요?
⑲ W 당신을 보자기에 싸갖고 갈 거예요.
⑳ H 나를요? 당신 참 재미있는 사람이군요, 여보.
그리고 오늘 무슨 요일이죠, 메리? 오늘은 일요일이잖아요.

Notes on Conversation

(1) Breakfast is ready.
아침 식사가 준비됐어요.

예문

① Dinner is ready.
저녁 식사가 준비됐어요.

② Call me when dinner is ready.
저녁 식사 준비되면 내게 전화해.

③ Everyone, dinner is ready.
여러분, 저녁식사가 준비되었습니다.

(2) Don't delay A for B.
B 때문에 A를 늦추지 마라.

예문

① Don't delay breakfast for me.
나 때문에 아침 식사를 늦추지 마세요.

② Don't delay the lecture time for me.
나 때문에 강의 시간을 늦추지 마세요.

③ Don't delay your vacation for me.
저 때문에 당신의 휴가를 늦추지 마세요.

(3) funny egg
싱거운 사람

예문

① He's a funny egg.
그 사람 싱거운 사람이야.

② I won't be a funny egg.
난 싱거운 사람이 안 될 거야.

③ I just want to remind you of this, please don't be a funny egg.
이 말 한 마디 상기시켜주고 싶은데, 제발 싱거운 사람은 되지 마.

(4) S + have a tendency to +V.

S는 V를 하는 경향이 있다.

예문

① She has a tendency to tell a lie.
그녀는 거짓말 하는 경향이 있어요.

② He has a tendency to listen to the music now and then.
그는 가끔 음악 감상하는 경향이 있어요.

③ She has a tendency to keep a watch on my act now and then.
그녀는 가끔 나의 행동을 감시하는 경향이 있어요.

▶ keep a watch on one's act ~의 행동을 감시하다.

(5) put oneself in another's position(place)

남의 입장이 되어 보다

예문

① Hey, listen, put yourself in my position, what would you do?
이봐요, 입장을 바꿔 생각해봐요, 당신 같으면 어떻게 하시겠어요?

② Will you put yourself in her place.
당신은 그녀의 입장에 생각을 좀 해보시겠어요?

③ I won't put myself in your position.
난 당신의 입장에서 생각하지 않겠어요.

(6) take it easy

(명령형으로 쓰여) 진정해라[걱정 마라]

예문

① Take it easy! Don't panic. 진정해! 겁먹지 마.

② Why are you taking it out on me? take it easy.
왜 나한테 화풀이를 하는 거야? 진정해.

③ A : Let's fight it out. 그래 한 번 붙어보자.
B : Listen, take it easy. 이봐, 진정해.

(7) S + get annoyed at each other over nothing at all.
S는 아무 것도 아닌 일 가지고 싸우다, 말다툼하다.

예문

① He got annoyed at each other over nothing at all.
그는 아무 것도 아닌 것으로 싸우다 말다툼을 했다.

② They got annoyed at each other over nothing at all.
그들은 아무 것도 아닌 것으로 싸우다 말다툼을 했다.

③ We don't have to get annoyed at each other over nothing at all.
우린 아무 것도 아닌 것 갖고 말다툼할 필요는 없어요.

▶ annoy[ənɔ́i]v. vt. 괴롭히다, 귀찮게[성가시게] 굴다, 속 태우다

(8) What I'm trying to get at is, + Clause.
내가 말하고자 하는 것은 ~이다.

예문

① What I'm trying to get at is, righteousness tends to life.
내가 전하고자 하는 것은, 정의는 인생을 돕는다는 것입니다.

② What I'm trying to get at is, such a woman is a so-called modern girl.
내가 말하고자 하는 것은, 이러한 여자가 현대 여성이라는 것이다.

③ What I'm trying to get at is, he has a tendency to look down on people.
내가 말하고자 하는 것은, 그는 사람들을 무시한다는 경향이 있다는 것이다.

(9) It's up to you to + V.
V하는 것은 당신에게 달려있다.

예문

① It's up to you to tell her.
그녀에게 말하는 건 당신에게 달렸다.

② It's up to you to finish the work.
그 일을 끝내는 것은 너의 책임이다.

③ It's up to you to give a lecture in English.
영어로 강의하는 것은 너에게 달려있다.

(10) S + be through with + somebody.

S는 N과 절교하다, S는 N을 끝내다

예문

① I'll be through with this homework by Tuesday.
이 숙제를 화요일까지는 끝내겠습니다.

② I'll be through with her in a while.
나는 한동안 그녀와의 관계를 끊을 것이다.

③ I will be through with the work as soon as possible.
가능한 한 빨리 그 일을 끝내겠다.

(11) S + have something to do with + N.

S는 N과 관계(연관)가 있다.

예문

① We have something to do about the soaring crime rates.
우리는 늘어나는 범죄와 관련이 있다.

② I will have something to do with that.
나는 그것과 관련이 있다.

③ I' have something to do with the new employee.
난 신입사원과 관련이 있다.

(12) take along

가지고[데리고] 가다

예문

① You can't take along her children.
당신은 그녀의 자녀들은 데려갈 수 없습니다.

② I have something to take along.
난 가지고 갈 것이 있다.

③ You'd better take her along to the infirmary.
그녀를 양호실로 데려가는 게 나을 것 같아.

(13) what for?

왜[뭐 하러]?목적 · 이유를 물음, 무엇 때문에? = For what?

예문

① What is this tool for?
이 도구는 뭐하는 거지?

② My sister was on TV? What for?
나의 누이가 텔레비전에 나왔어요? 무슨 일로요?

③ Take you? What for?
너를 데리고 간다고? 뭐 때문에?

(14) wrap up

① 그만해라. 보통 계속 지껄이거나 말썽을 피우거나 하는 사람에게 하는 말로 쓰임 ② 옷을 따뜻하게[단단히] 챙겨 입다[입히다] ③ 보자기에 싸다 ④ 합의 · 회의 등을 마무리 짓다 ⑤ 싸다; 〈외투 · 숄 등을〉 걸쳐 입다, 걸치다; 진의를 …에 숨기고 표현하다, 〈계약을〉 매듭짓다; 〈숙제 등을〉 다 쓰다; 〈기사 등을〉 요약하다

예문

① Wrap a baby in a baby blanket
아기를 포대기로 싸라.

② She wrapped the baby in a shawl
그녀는 아기를 숄로 감쌌다.

③ She told her son to wrap up warm/warmly.
그녀는 아들에게 옷을 따뜻하게 챙겨 입으라고 했다.

chapter 05

Money doesn't grow on trees.

돈 벌기란 쉬운 일이 아니다.

❶ Jim　You look half dead, Ken. (1)

❷ Ken　Well, I'm on my feet all day, that's why. (2)

❸ Jim　Why not get some rest?

❹ Ken　I've got to work until six. (3)

❺ Jim　You don't have to overwork yourself, Ken. (4)

❻ Ken　But I'm in a position to work hard. (5)

❼ Jim　Listen! Health is more important.

❽ Ken　I know that but …….

❾ Jim　Anyway, do they pay you well?

❿ Ken　Money doesn't grow on trees, Jim. (6)

---

❶ Jim 몹시 피곤해 보여요, 켄.
❷ Ken 오늘 하루 종일 서 있었어요, 그래서 그래요.
❸ J 왜 좀 쉬지 그랬어요?
❹ K 6시까지 일을 해야 돼요.
❺ J 과로할 필요는 없어요, 켄.
❻ K 그렇지만 난 열심히 일을 해야 할 처지인 걸요.
❼ J 이봐요! 건강이 더 중요하거든요.
❽ K 나도 알고 있지만 …….
❾ J 아무튼 보수는 잘 줍니까?
❿ K 돈을 벌기란 그렇게 쉬운 일이 아니더라고요, 짐.

⑪ Jim But you're getting better off, aren't you?
(7)

⑫ Ken Right, but I'm saving for a rainy days. How about you?
(8)

⑬ Jim That's what I'm going to do, Ken.

⑭ Ken Good for you!
(9)

⑮ Jim But it's not so easy, Ken.

⑯ Ken Anyway, cut down on your spending.
(10)

⑰ Jim I can take care of myself.
(11)

⑱ Ken Oh, nonsense!

⑲ Jim No, you're wrong.

⑳ Ken You know, we can't accept the way things are now.
(12)

---

⑪ J 하지만 당신은 점점 삶에 여유가 생기잖아요?
⑫ K 그래요, 하지만 전 노후를 생각해서 저축을 하고 있어요. 당신은 어때요?
⑬ J 그건 저도 하려고 했던 거예요, 켄.
⑭ K 그건 참 잘하신 거예요!
⑮ J 근데 쉬운 일은 아니더라고요, 켄.
⑯ K 아무튼 소비를 줄여야 해요.
⑰ J 난 나 자신만큼은 돌볼 수 있어요.
⑱ K 오, 잘못된 생각이에요!
⑲ J 당신이 잘못된 거죠.
⑳ K 우리는 현실에 만족해서는 안 돼요.

Notes on Conversation

(1) S + be half dead

S는 몹시 지쳐 있다.

「거의 죽어 가고 있는, 반 죽은, 빈사의 dying; 몹시 지친」이라는 의미를 지닌 표현으로 몹시 피곤한 상태를 뜻한다.
「난 몹시 피곤하다.」라는 표현들을 살펴보자.

① I'm dead tired.
② I'm utterly exhausted
③ I'm pretty run-down
④ I'm dragging
⑤ I'm worn out

(2) S + be on one's feet all day.

S는 종일 서 있다.

예문

① He was on his feet all day.
그는 온종일 서 있었다.

② The horse was on its feet all day under starter's orders.
그 말은 출발 신호를 기다려 하루 종일 서 있었다.

③ She has been on my feet all day.
그녀는 하루 종일 서 있었다[걸어 다녔다].

(3) S + have got to + V.

S는 V를 하지 않으면 안 된다, V를 해야 한다.

예문

① I've got to observed the beginning of a new star.
난 별의 탄생을 관찰해야 한다.

② I've got to meet her today.
난 그녀를 오늘 만나야 한다.

③ I've got to cram for the finals.
난 기말고사 때문에 벼락공부를 해야 한다.

(4) S + do not have to + V.

S는 V를 할 필요가 없다.

예문

① You don't have to call me.
나에게 전화할 필요 없어요.

② You don't have to be through with the work by tomorrow.
내일까지 일을 끝낼 필요 없어요.

③ I don't have to go there.
난 거기에 갈 필요 없다.

(5) S + be in a position to + V.

S는 V를 할 처지이다, 형편이다

예문

① I'm in a position to give a party for my father.
난 나의 아버지를 위해서 잔치를 벌어야 처지이다.

② She's in a position to get married to him.
그녀는 그와 결혼할 형편이다.

③ I'm in a position to get a job for my family.
난 내 가족을 위해서 구직해야 할 처지이다.

(6) Money doesn't grow on trees. 돈 벌기란 쉬운 일이 아니다.

돈을 나무에서 딸 수 있는 것이 아니다. 즉 돈이 많지 않으니 아껴 쓰라는 뜻으로 하는 표현이다.

예문

① Money doesn't grow on trees, you've got to work hard to be rich.
돈은 쉽게 벌리지 않으니, 부자가 되기 위해서는 열심히 일을 해야 한다.

② Money doesn't grow on trees, do your best for your family.
돈 벌기란 쉽지 않으니, 너의 가족을 위해서 최선을 다해야 한다.

③ Money doesn't grow on trees, make an effort for your rainy days.
돈은 쉽게 벌 수 없으니, 만약의 경우를 대비하여 노력해라.

(7) S + be better off

S는 더 부자이다[형편이 더 낫다], 유복하게 지내고 있다.

예문

① He is better-off.
그는 더 잘 살아요.

② It's the only way to be better off.
그게 더 부자가 되는 유일한 방법이다.

③ She is getting better off these days.
그녀의 삶은 요즘 점점 좋아지고 있어요.

(8) for a rainy day

비오는 날을 위하여; 만일의 경우에 대비하여, 어려울[꼭 필요할] 때를 위해

예문

① I've saved a little money for a rainy day.
나는 만일에 대비하여 돈을 조금 모아왔다.

② You'd better not waste your money. Save up for a rainy day.
돈 낭비 하지 않도록 하고 만일을 위해 저축해라.

③ I've got to save a lot of money for a rainy day.
난 만일의 경우를 대비하여 많은 돈을 저축해야 한다.

(9) Good for you! 잘한다, 됐어! Bravo! 잘했어!(칭찬을 나타냄)

예문

① A : I passed first time. 난 한번에 합격했어.
B : Good for you! 잘했어!

② A : I got a good grades in the midterm examination, Dad
전 중간고사에서 좋은 성적을 받았어요, 아빠
B : Good for you! 참 잘했구나!

③ A : I won the first prize at the dance contest. 저는 댄스 경연대회에서 1등 했어요.
B : Good for you! 잘했어!

(10) S + cut down on + N, ~ing.

S는 N, ~ing를 줄이다

예문

① I should cut down on waste.
난 낭비를 줄여야 해요.

② I've got to cut down on smoking.
난 흡연량을 줄여야 해요.

③ You have to cut down on expenses this month.
당신은 이번 달 지출을 줄여야 해요.

(11) S + take care of somebody/something

S는 ~을 돌보다; ~에 주의하다[신경을 쓰다]

예문

① Who's taking care of the children while you're away?
당신이 없는 동안 애들은 누가 봐요?

② You need to take care of your grandson.
당신은 당신의 손자를 돌볼 필요가 있다.

③ I can take care of myself. Don't worry about that.
제 몸은 제가 챙길 수 있습니다. 걱정하지 마세요.

(12) S + can't accept the way + N.

S는 N을 받아들일 수 없다.

예문

① I can't accept the way the comments about the France.
난 프랑스에 대한 발언을 받아들일 수 없다.

② I can't accept the way your remarks.
난 당신의 발언을 받아들일 수 없다.

③ I can't accept the way your demands.
난 당신의 요구를 받아들일 수 없다.

chapter 06

The first time is always the worst.

처음으로 하는 일은 무슨 일이든지 서툴다.

1 K Oh, I'm scared. (1)

2 W It's not that big a thing, so don't worry about it.

3 K It's easy enough for you talk.

4 W Why not ask him for some help?

5 K well, I don't feel like. (2)

6 W Don't talk like a child. Let's call (3) the whole thing off.

7 K That's a good idea, but it's the waiting.

Well, there's nothing for it but to (4) run

8 W I thought you have a lot of nerve, (5)

but you're quite different from what I had in mind. (6)

---

1 K 아, 나 떨려요.
2 W 그렇게 대단한 일은 아니야, 그러니까 걱정하지 말아요.
3 K 말로는 쉽죠.
4 W 왜 그에게 도움을 요청하지 않아요?
5 K 그러고 싶진 않아요.
6 W 어린애 같은 말 하지 말아요. 모든 일에 손을 뗍시다.
7 K 좋은 생각이에요, 하지만 기다리는 게 문제에요.
도망가는 수밖에 없어요.
8 W 당신이 배짱이 좋은 걸로 알고 있는데, 내 기대에 어긋나네요.

9 K I'm beginning to shake all over.
(7) (8)

10 W I don't blame you, but your worries will be over soon.
(9)

11 K I hope so, but I'm the one who's going to suffer if anything goes wrong.
(10)

12 W I know that, but I'm sure nothing's going to go wrong.
(11)

13 K I'm so nervous I could scream.
(12)

14 W Take it easy. The first time is always the worst.

15 K You said it.
(13)

16 W After that it gets easier and easier, you know.

17 K Anyway, what happened to Mr. Lee?
(14)

18 W He'll be along any minute.
(15)

19 K He's always undependable, you know.
(16)

---

9 K 전신이 떨리기 시작해요.
10 W 당연해요. 하지만 당신의 걱정은 곧 사라질 거예요.
11 K 저도 그러길 바라는데 만약 일이 잘 안 되면 그 책임은 저에게 돌아와요.
12 W 알아요, 근데 일이 잘 될 거라 믿어요.
13 K 난 너무 신경이 쓰여서 비명을 지를까 봐요.
14 W 진정해요. 처음 하는 일은 무슨 일이든지 서툴기 마련이예요.
15 K 맞아요.
16 W 그런 다음에는 그 일이 점점 쉬워져요.
17 K 아무튼 미스터 리에게 무슨 일이 생긴 거예요?
18 W 곧 돌아올 거예요.
19 K 그는 언제나 시간을 안 지킨단 말이에요.

Notes on Conversation

(1) S + be scared 겁을 집어먹다, 지독히 겁을 먹다

예문

① Hey, listen! Don't be scared.
이봐요! 겁먹지 마세요!

② Don't be scared, let me know.
겁먹지 말고, 나에게 알려줘요.

③ A : How about a horror movie? 공포 영화는 어떠세요?
B : I don't like horror movie because I'm scared.
저는 겁을 먹어서 공포영화는 싫어요.

(2) s + feel like + N, ~ing. S는 N, ~ing를 하고 싶다.

예문

① I feel like a drink.
난 한 잔 하고 싶다.

② I feel like having a date with her.
난 그녀와 데이트하고 싶다.

③ I feel like learning English.
난 영어를 배우고 싶다.

(3) S + call off + N. S는 N을 중지하다, 취소하다; 주의를 딴 곳으로 돌리다, 포기하다.

예문

① I am ready to call the whole thing off.
나는 전부 취소할 준비가 되어 있다.

② I've got to call off the meeting.
난 그 회의를 취소해야만 한다.

③ You'd better call off a strike.
파업을 철회하도록 하시오.

(4) There's nothing for it but to + V. V를 하는 수밖에 없다.

예문

① There's nothing for it but to call the doctor,
의사를 부를 수밖에 없다.

② There's nothing for it but to hold your tongue.
넌 잠자코 있을 수밖에 없다.
▶ hold one's tongue 잠자코 있다, 입 다물고 있다, 말을 삼가다.

③ There's nothing for it but to wait for her right here.
여기에서 그녀를 기다릴 수밖에 없다.

(5) S + have the nerve. S는 배짱이 있다.

예문

① He has a lot of nerve.
그는 배짱이 많다.

② You should have the nerve.
넌 배짱을 가져야 해.

③ Can you have the nerve in public?
넌 대중 앞에서 배짱을 가질 수 있어?

(6) S + be quite different from what I had in mine.
S는 내가 실망했다.

예문

① You're quite different from what I had in mine.
너 정말 실망이야.

② The movie was quite different from what I had in mine.
그 영화 실망했어요.

③ My fiancee was quite different from what I had in mine.
나의 약혼녀 정말 실망했어요.

(7) S + be beginning to + V.

S는 V를 시작하다.

예문

① I'm beginning to learn English from now.
난 지금부터 영어를 배우기 시작한다.

② She's beginning to be a good dancer.
그녀는 춤을 잘 추기 시작한다.

③ They're beginning to gather around a fire.
그들은 난로 가에 모이기 시작한다.

(8) S + shake all over.

S는 사시나무 떨듯 하다.

예문

① He shook all over in public.
그는 대중 앞에서 몹시 떨었다.

② You'd better not to shake all over before my father.
당신은 나의 아버지 앞에서 떨지 않도록 해요.

③ I shook all over when I saw each other with a view to marriage.
난 선을 볼 때 몹시 떨었다.
▸ see each other with a view to marriage 선을 보다

(9) I don't blame you.

그럴 만도 해, 무리가 아니야, 당연하지

대화

① A : I got good grades in the final exam. 난 기말 고사에서 좋은 성적을 받았어요.
B : I don't blame you. 그럴 만하지.

② A : I won with a comfortable majority. 저는 충분한 표 차이로 승리했어요.
B : I don't blame you. 당연하지요.

③ A : I'm to be married next Saturday. 나는 다음 토요일에 결혼하게 되어 있어요.
B : Congratulations! I don't blame you. 축하해요! 당연히 그래야지요.

(10) S + be the one who's going to suffer if anything goes wrong. 모든 것이 잘못되면 책임은 S에게 있다.

예문

① I'm the one who's going to suffer if anything goes wrong.
모든 것이 잘못되면 그 책임은 나에게 있다.

② She's the one who's going to suffer if anything goes wrong.
모든 것이 잘못되면 그 책임은 그녀에게 있다.

③ We are the one who's going to suffer if anything goes wrong.
모든 것이 잘못되면, 그 책임은 우리에게 있다.

(11) S + go wrong.

S는 실수를 하다[잘못하다]

예문

① If you do what she tells you, you won't go far wrong.
그녀가 하라는 대로 하면 크게 실수하지는 않을 거예요.

② The operation seems to have gone wrong.
수술이 잘못된 것 같다.

③ If things go wrong, you'll be in big trouble.
일이 잘못되면, 너는 곤경에 처할 것이다.

(12) S + be nervous.

S는 마음을 졸이다.

예문

① Don't be nervous.
긴장하지 마세요.

② You mustn't be nervous. You'll do well.
긴장하면 안 돼요. 당신은 잘 할 거예요.

③ He was nervous of the exam.
그는 시험에 마음을 졸였다.

(13) you said it!

(상대방이 스스로에 대해 하는 말에 동조하며) 그건 맞는 말이야[그렇긴 해]!

대화

① A : You are the world's greatest cook. 당신은 세계 최고 요리사입니다.
B : You said it. 맞습니다.

② A : She is a pinup girl. 그녀는 매력적인 여자에요.
B : You said it. 맞아요.

③ A : He is a genius in mathematics. 그는 수학의 천재입니다.
B : You said it. 그렇습니다.

참고 '네 말이 맞다, 옳다' 라는 표현들

1) You're right.
2) That's right.
3) Right.
4) That's just it.
5) You said it.
6) You hit the nail right on the head.
7) You hit it right on the head.

(14) What happened to + N?

N에 무슨 일이 있어요?

예문

① What happened to you?
당신에게 무슨 일이 있었어요?

② What happened to your sister?
당신 누이에게 무슨 일 있었어요?

③ What happened to your hand?
당신 왜 그랬어요?

(15) s + be along.

《미래시제로》S는 당도하다, 오다; 따라붙다

예문

① I'll be along soon.
곧 그리로 갈께.

② I'll be along in a few minutes.
몇 분 후에 합류할게.

③ He will be along in a minute.
그는 곧 당도할 거야.

(16) S + be undependable.

S는 믿음성이 없다.

예문

① I like him but the trouble is that he is undependable.
나는 그를 좋아하지만 곤란한 점은 그는 신뢰가 안 가요.

② A : What are my weak points?
나의 단점은 뭐죠?
B : It is difficult to say that, but you are undependable.
말하기 곤란하지만, 당신에게는 믿음성이 없어요.

③ I can' t talk over the telephone but you wife is undependable.
전화로는 말하기 곤란하지만 당신의 아내는 믿음성이 없어요.

chapter 07

Something is wrong with me.

나에게 뭔가 잘못이 있어요.

1 K What are you doing?

2 Y I'm going over (1) what I studied.

3 K Oh, I see. I didn't know you were studying English.

4 Y We have to study English Conversation to keep up with the times. (2)

5 K You' re right, but I'm afraid you're in another world. (3)

6 Y On the contrary. (5)

7 K Well, not to change the subject, but (6) how is your business coming along?

8 Y Things are tough all over. (7)

9 K Listen! The life doesn't dovetail so nicely, you know.

---

1 K 뭘 해요?
2 Y 복습하고 있어요.
3 K 오, 알겠어요. 당신이 영어 공부 하고 있었다는 것을 나는 몰랐어요.
4 Y 우리는 시대와 보조를 맞추기 위해서는 영어 회화 공부를 해야 돼요.
5 K 그래요, 하지만 난 당신이 헛꿈을 꾸는 것이 두려워요.
6 Y 그와는 정 반대지요.
7 K 그건 그렇고, 본 화제로 돌아가서 당신의 사업은 잘돼 가고 있어요?
8 Y 세상살이 정말 힘들어요.
9 K 이봐요! 인생이란 계획대로 척척 되는 것이 아니에요.

⑩ Y But we have to make and save money while we can.

⑪ K All we have to do is to (10) be mindful of our health.

⑫ Y Right, but I've got to keep my nose to the grindstone. (11)

⑬ K That's just the beginning for trouble, you know.

⑭ Y Of course money is not everything, (13) but …….

⑮ K When you've seen much of life, (14) you must cheer up.

⑯ Y God knows what pains I've gone to.

⑰ K What do you mean by that?

⑱ Y Something is wrong with (15) me.

⑲ K But I think you're a promising man. (8)

⑳ Y You're kidding! (9)

---

⑩ Y 그렇지만 할 수 있을 때 돈을 벌고 저축해야 해요.
⑪ K 건강을 염두에 두기만 하면 돼요.
⑫ Y 그래요, 하지만 난 뼈가 으스러질 정도로 일을 해야 돼요.
⑬ K 그게 바로 사고의 시발점이에요.
⑭ Y 물론 돈이 다가 아니지만 …….
⑮ K 인생 경험을 많이 했으면 용기를 내세요.
⑯ Y 오직 하나님만이 나의 고통을 알아주세요. 나의 고통은 아무도 몰라요..
⑰ K 무슨 뜻이죠?
⑱ Y 나에게도 뭔가 잘못이 있어요.
⑲ K 하지만 당신은 장래가 유망한 사람으로 알고 있어요.
⑳ Y 농담도!

Notes on Conversation

(1) S + go over + N.

S는 N을 조사하다=examine, 복습하다

예문

① You have got to go over what you learned yesterday.
어제 배웠던 것을 넌 복습해야만 한다.

② Why not go over?
왜 복습 안 하니?

③ The best way to improve my grades is to go over.
가장 좋은 성적 향상의 방법은 복습하는 것이다.

(2) S + keep up with the times

S는 시대에 뒤떨어지지 않다.

예문

① He tries to keep up with the times.
그는 시대에 뒤떨어지지 않으려고 노력하고 있다.

② Try to keep up with the rapidly changing times.
급변하는 시대에 발맞추기 위해서는 노력하라.

③ I have to try to keep up with the times.
난 현실에 발맞추기 위해 노력해야 한다.

(3) S + be in another world.

S는 헛꿈을 꾸고 있다.

예문

① You don't have to be in another world.
당신은 헛꿈을 꿀 필요 없다.

② She is in another world now.
그녀는 지금 별세계의 꿈을 꾸고 있다.

③ Why are you in another world?
왜 별 헛꿈을 꾸고 그러니?

(4) on the contrary

그와는 반대로

예문

① "It must have been terrible." "On the contrary, I enjoyed every minute."

"틀림없이 끔찍했을 거야." "그 반대로 매 순간 순간이 즐거웠어."

② On the contrary, he is honesty.

그와는 정 반대로 그는 정직하다.

③ On the contrary, she is pinup girl.

그와는 정 반대로 그녀는 미인이다.

(5) Not to change the subject, but

~ 화제 거리를 바꾸고 싶지 않지만 ~이다.

예문

① Don't try to change the subject.

화제 거리를 바꾸려 하지 마세요.

② Not to change the subject, but it's time to make an early start.

본론으로 들어가서, 일찍 출발할 시간입니다.

③ Not to change the subject, but let's cram for the exam.

자 이제 화제 거리를 바꾸어서, 벼락치기로 시험공부 합시다.

(6) Things are tough all over.

모든 일이 힘들다.

대화

① A : Work far harder. 더욱 더 열심히 일을 해요.
B : Things are tough all over. 모든 일이 힘이 들어요.

② A : You must work twice as hard as others. 당신은 남들보다 갑절 일을 해야 합니다.
B : Things are tough all over. 모든 일이 힘이 들어요.

③ A : Let's work hard with an expectation of better tomorrow.
희망찬 내일을 기약하며 열심히 일합시다.
B : Things are tough all over. 모든 일이 힘이 들어요.

(7) All somebody have to do is to + V.

~는 V만 하면 된다.

예문

① All you have to do is to study harder.
넌 더 열심히 공부만 하면 된다.

② All you have to do is to press the button.
넌 버튼만 누르면 된다.

③ All you have to do is to input data into a computer.
넌 자료를 컴퓨터에 입력만 하면 된다.

(8) S + keep one's nose to the grindstone

S는 뼈 빠지게 일[공부]하다, 쉬지 않고 죽어라 하고 일하다

예문

① The manager told me to keep my nose to the grindstone or be fired.
부장님은 나에게 착실하게 일하지 않으면 해고시키겠다고 말했다.

② I' ve got to keep my nose to the grindstone for my family.
난 내 가족을 위해서 열심히 일을 해야 한다.

③ A : I dicked around and learned a lot. 나는 허송세월을 보냈고 많이 배웠다.
B : So what? 그래서 어떻단 말이야?
A : I must keep my nose to the grind stone from now.
지금부터 난 뼈 빠지게 일을 해야 해.

(9) Money is not everything.

돈이 전부가 아니다.

대화

① A : Money means everything. 돈이 최고야.
B : It doesn't make sense, money is not everything. 말도 안 돼, 돈이면 다가 아니야.

② A : I'm very much fond of money. 난 돈을 너무 좋아한다.
B : Money is not everything. 돈이 다가 아니야.

③ A : I wish I could make a lot of money. 돈을 많이 벌면 얼마나 좋을까.
B : Money is not everything. 돈이 다가 아니야.

(10) S + see much of life.

S는 견문이 넓다, 경험이 풍부하다, 고생을 많이 하다.

예문

① He has seen much of life.
그는 견문이 넓다.

② The woman has already seen much of life.
그 여자는 이미 고생을 많이 했다.

③ I have seen much of life in my childhood.
난 어렸을 때 고생 많이 했어요.

(11) Something is wrong with + N.

N에게 뭔가 잘못이 있다.

예문

① Is something wrong with you?
어디 편찮으세요?

② Something is wrong with my cell phone.
내 휴대폰이 고장이에요.

③ Something is wrong with this engine.
이 엔진에 무슨 고장이 있어요.

(12) S + be a promising man.

S는 장래가 유망한 사람이다.

예문

① He is a promising man.
그는 장래가 유망(有望)한 사람이다.

② She is a promising woman because she is honest.
그녀는 정직하기 때문에 장래가 유망한 사람이다.

③ A : What do you think of him? 그를 어떻게 생각합니까?
B : He is a promising man because he has an ability in everything.
그는 모든 면에서 능력이 있기 때문에 장래가 유망하죠.

chapter 08

I have no business experience with them.

난 그들과 사업상 거래가 없어요.

1 C Do you happened to know anything about them?

2 Y Yes, quite a bit. (1)

3 C It's a wonder (2) they are in no way (3) similar, isn't it?

4 Y That's possible. But they are real brother.

5 C Are you through with (4) what I've asked you.

6 Y On the contrary I haven' yet begun.

7 C Well, of all things! (5) Do you think you'll have any trouble with (6) that?

8 Y I don't think so.

9 C You'd better do it right this time. (7)

10 Y I'll finish that in accordance with (8) your orders.

---

1 C 혹시 그들에 관해 무언가 알고 있나요?
2 Y 네, 꽤 많이 알고 있지요.
3 C 그들이 전혀 비슷하지 않는 것이 이상하잖아요?
4 Y 그럴 수도 있겠죠. 그러나 그들은 친형제랍니다.
5 C 제가 당신에게 부탁한 것 모두 끝냈어요?
6 Y 아니요, 아직 시작도 안 했어요.
7 C 원 저런! 당신은 그 일에 대해 무슨 문제점이 있을 거라고 생각해요?
8 Y 그렇지 않습니다.
9 C 이번에 일을 잘 하도록 하세요.
10 Y 당신의 명령에 따라 그 일을 끝내겠습니다.

⑪ C Lower your voice.

⑫ Y Don't worry. Nobody knows we're here now.

⑬ C If all goes well, that's good business.
(9)

⑭ Y But that wouldn't be often.

⑮ C Do you think Mr. Kim has anything to do with them?
(10)

⑯ Y Well, I have no business experience with Mr. Kim.
(11)
How about you?

⑰ C None that I know of.
(12)

⑱ Y Maybe Mr. Park can put you in touch with Mr. Kim.
(13)

⑲ C Anyhow, we need Mr. Kim so as to realize our ideas.
(14)

⑳ Y Sure. I have but one aim in life to realize my ideas.
(15)

---

⑪ C 목소리를 낮추세요.
⑫ Y 걱정 마세요. 우리가 여기에 있는 줄 아무도 몰라요.
⑬ C 일이 잘 되면, 그것은 훌륭한 사업일 겁니다.
⑭ Y 하지만 그건 자주 있는 일은 아닙니다.
⑮ C Mr. Kim이 그들과 무슨 관계가 있습니까?
⑯ Y 글쎄요, 난 Mr. Kim과 아무런 관계도 없습니다. 당신 어때요?
⑰ C 내가 알기로는 그런 사람 없어요.
⑱ Y 아마 Mr. Park이 당신을 Mr. Kim에게 소개는 해줄 수 있을 겁니다.
⑲ C 아무튼 우리는 이상을 실현하기 위해서는 Mr. Kim이 필요합니다.
⑳ Y 물론이죠. 나의 궁극적인 목적도 나의 이상을 실현하는 것입니다.

Notes on Conversation

(1) quite a bit

꽤 많은; 상당히

예문

① It is quite a bit longer.
그것은 아주 조금 더 길어.

② You are quite a bit smaller than I was.
당신은 나보다 아주 조금 작다.

③ My father left me quite a bit fortune.
아버지는 내게 적지 않은 유산을 남겨 주셨다.

(2) it's a wonder that…

…인 것이 이상하다, 놀랍다

예문

① It's a wonder that she didn't get fired.
그녀가 해고되지 않았다니 놀랍다.

② It's a wonder you have such a good father.
당신에게 그런 훌륭한 아버지가 계시다니 놀랍군요.

③ It's a wonder he did a good action.
그가 좋은 일을 하다니 놀랍군.

(3) S + be in no way + adj.

S는 전혀 adj를 하지 않는다.

예문

① He is in no way happy.
그는 전혀 행복하지 않다.

② She is in no way transcendent.
그녀는 전혀 탁월하지는 않다.

③ You are in no way inferior.
당신은 더 나으면 낫지, 못하지는 않다.

(4) S + be through with + N.

S는 N과 절교하다, 뒤끝을 맺다

예문

① I'm going to be through with her because she is a bad character
그녀는 성격이 안 좋아서 난 그녀와 절교할 거다.

② I've got to be through with my homework by tomorrow.
난 내일까지 숙제를 끝내야 한다.

③ Are you through with me?
당신은 나와 절교할 겁니까?

(5) Well, of all things

원 저런, 하필이면

대화

① A : I failed in a history examination. 난 역사 시험에 실패했어요.
B : Well, of all things! 원 저런!

② A : He broke up with his girlfriend. 그는 여자 친구와 헤어졌어요.
B : Well, of all things! 원 저런!

③ A : I have to sit up all night. 난 철야해야 돼.
B : Well, of all things! 원 저런!

(6) S + have trouble with + N.

S는 N에 대하여 문제점이 있다, 말썽이다.

예문

① I have any trouble with my car.
내 차에는 문제점이 있어요.

② Have you had any trouble with the clock lately?
최근에 벽시계 고장 난 적 있어요?

③ She must be had trouble with her sweet-heart.
그녀는 애인과 어떤 문제가 있는 것 같다.

(7) right this time

이번에

예문

① You have to be sure to succeed right this time.
당신은 이번에 꼭 성공해야 해요.

② I'll pass the exam for anything right this time for anything.
난 이번에 무슨 일이 있더라도 이번에 꼭 시험에 합격할 거다.

③ I'll marry her right this time.
이번에 그녀와 결혼할 거예요.

(8) in accordance with

~에 따라서

예문

① Everything has been done in accordance with the rules.
모든 것은 규칙에 따라 행해졌다.

② This is not in accordance with facts.
이것은 사실에 부합되지 않는다.

③ That is in accordance with Korean law.
그것은 대한민국 법을 따른다.

(9) If all goes well

일이 잘 되면, 모든 일이 제대로 되면

예문

① My job will be finished next month if all goes well.
일이 제대로 되면 다음 달에 내 일은 끝내겠다.

② If all goes well, they start a business.
모든 일이 잘 되면, 그들은 사업을 시작한다.

③ If all goes well, they will be met again right this time.
모든 일이 잘 되면, 그들은 이번에 다시 만나게 될 것이다.

(10) S + have anything to do with + N.

S는 N과 무슨 관계가 있다.

예문

① You have anything to do with her, haven't you?
당신은 그녀와 무슨 관계가 있지요?

② Does this have anything to do with you going away?
이 일이 네가 떠나는 거랑 무슨 상관이라도 있어요?

③ He didn't have anything to do with her turning 50.
그는 쉰이 될 때까지 그녀와 관계를 끊고 살았습니다.

(11) S + have no business experience with + N.

S는 N과 아무런 관계도 없다, S는 N과 경험이 없다.

예문

① I have no business experience with her.
난 그 여자와 아무런 관계가 없다.

② These people have no experience with sled dogs.
이 사람들은 썰매 개들과 함께한 경험이 없다.

③ We have no experience with star wars.
우리는 우주전쟁 경험이 전혀 없다.

(12) None that I know of.

내가 알기로는 그런 사람은 없다.

대화

① A : Do you happened to know a information-technology worker?
혹시 정보 기술자를 알고 계신가요?
B : None that I know of. 제가 알기로는 그런 사람은 없습니다.

② A : Will you introduce movie director to me?
영화감독을 저에게 소개해 주시겠어요?
B : None that I know of. 제가 알기로는 그런 사람은 없습니다.

③ A : Do you know a horse-thief? 말 도둑을 아시나요?
B : None that I know of. 제가 알기로는 그런 사람은 없습니다.

(13) S + put + A + in touch with + B.

S가 A를 B에게 소개하다.

예문

① Will you put me in touch with her?

저를 그녀에게 소개시켜 주시겠어요?

② I'll put a beautiful girl in touch with you.

난 미녀를 너에게 소개시켜 주겠다.

③ I just want to remind of this, please don't put me in touch with her.

꼭 이말 한마디 기억하시오, 나를 그녀에게 소개하지 마시오.

(14) so as to + V

V를 하기 위하여

예문

① We went early so as to get good seats.

우리는 좋은 자리를 잡기 위해서 일찍 갔다.

② I got up early so as to review yesterday's lessons.

난 어제 배운 것을 복습하기 위해서 일찍 일어났다.

③ I went to church so as to attend a Sunday worship.

난 주일 예배를 드리기 위해 교회에 갔다.

chapter 09

Going to a dancing party

댄싱 파티에 가기.

❶ P What are you going to do tonight? (1)

❷ J Nothing in particular. (2) Why?

❸ P I'm going to a dancing party.

❹ J It sounds like a lot of fun.

❺ P How about joining me?

❻ J I'd like to, (3) but …….

❼ P But what?

❽ J I'm all thumbs (4) when it comes to (5) dancing.

❾ P You don't say! (6)

❿ J I mean what I say, (7) Mr. Park.

As a result, I am at a loss (8) when I'm invited to a party.

---

❶ P 오늘 저녁 무슨 일 있어요?
❷ J 특별한 일은 없는데. 왜요?
❸ P 댄싱 파티에 가려고요.
❹ J 그거 참 재미있겠네요.
❺ P 저와 함께 하실래요?
❻ J 그러고 싶은데 …….
❼ P 하지만 뭐요?
❽ J 저는 춤이라면 정말 못해요.
❾ P 설마 뭘 그래요!
❿ J 정말이에요, Mr. Park.
그 결과 파티에 초대받을 땐 전 당황한답니다.

⑪ P Well, I can hardly believe it. (9)

⑫ J I can hold my own in singing, but dancing is beyond me. (10) (11)

⑬ P It doesn't make sense, Mrs Julie. That's no excuse. (12) (13)

Singing is bound up with dancing, you know. (14)

⑭ J Anyway, I think I'll come along to be sociable.

⑮ P Well, you should have saved yourself trouble by saying

"Okay" in the beginning. (15)

⑯ J So be it. What time shall we make it? (16)

⑰ P Shall we make it 6:30 tonight?

⑱ J Suit yourself. Any time you say. (17)

⑲ P Okay. I'll pick you up at 6:30.

⑳ J All right. I'll be waiting for you.

---

⑪ P 믿어지지 않는데요.
⑫ J 난 노래에는 자신이 있는데 춤하고는 거리가 멀어요.
⑬ P 그건 말도 안 돼요, Mrs Julie.
노래와 춤은 밀접한 관계가 있잖아요. 그건 변명이 안 돼요.
⑭ J 아무튼 한 몫 끼기 위해서 가 볼까 합니다.
⑮ P 처음에 "Okay"라고 말했으면 곤란한 점은 없었을 텐데요.
⑯ J 아 그렇다면 좋아요. 몇 시에 만날까요?
⑰ P 오늘 밤 6시 30분 어때요?
⑱ J 좋으실 대로 하세요. 시간은 언제라도 좋아요.
⑲ P 좋아요. 6시 30분에 당신을 데리러 갈게요.
⑳ J 좋아요. 기다릴게요.

Notes on Conversation

(1) What are you going to +V?
당신은 V를 하실 겁니까?

예문

① What are you going to order? 뭘 주문하시겠어요?

② What are you going to do this afternoon? 오늘 오후에 뭘 하실 겁니까?

③ What are you going to do with the pizza? 피자는 어떻게 하죠?

(2) Nothing in particular.
별 특별한 일은 없습니다. = Nothing particularly

대화

① A : What are you going to do tonight? 오늘 밤 뭐 하실 겁니까?
B : Nothing in particular. 별 일은 없습니다.

② A : What's on your schedule on weekends? 주말에 무슨 계획 있으신가요?
B : Nothing in particular. 별 일은 없습니다.

③ A : I must be off now. 저 이제 가봐야 되겠습니다.
B : Won't you stay a little longer? 좀 더 있다 가시지요?
Any special reason for that? 그럴만한 특별한 이유라도 있습니까?
A : Nothing in particular. 특별한 일은 없습니다.

(3) I'd like to + V. 나는 V를 하고 싶다.

예문

① I'd like to have a date with her. 나는 그녀와 데이트하고 싶어요.

② I'd like to live in a grand style. 난 호의호식하고 싶어요.

③ I'd like to renovate my old house. 내 낡은 집을 수선하고 싶다.

(4) S + be all thumbs.

S는 손재주가 없다.

예문

① I'm all thumbs.
저는 손재주가 없어요.

② One of my friends was all thumbs in his school days.
제 친구 중 한명은 학창시절에 손재주가 정말 없었어요.

③ Do you know that I'm all thumbs?
제가 손재주가 없다는 거 아시죠?

(5) when it comes to + N, ~ing

~ing ~에 관한 한, ~이라면

예문

① I'm all thumbs when it comes to music.
저는 음악이라면 정 말 못해요.

② I'm at a loss when it comes to drawing a picture.
그림 그리는 것에 관해서는 저는 당황한답니다.

③ I'm at a loss when it comes to speaking English.
영어로 말하는 것이라면 저는 당황한답니다.

(6) you don't say!

설마 그럴 리가!, 뭘 그래!

예문

① You don't say! It doesn't make sense.
설마! 말도 안 돼.

② He broke his promise to be here. You don't say!
그가 여기 오는 약속을 어겼구나. 그럴 리가 없는데!

③ You don't say! You fail in a history examination.
설마! 네가 역사 시험에 실패하다니.

(7) I mean what I say. = I mean it.

난 진심으로 하는 말이다.

대화

① A : I'm scheduled to go off to America to study. 나 미국으로 유학 간다.
B : You don't say! Do you really mean it? 그럴 리가! 정말이야?
A : I mean what I say. 나 진심으로 하는 말이야.

② A : He is be in hospital now. 그는 지금 병원에 입원해 있어요.
B : He's in good physical health, isn't he? 그는 신체적으로 건강하잖아요?
A : I mean what I say. 정말입니다.

③ A : He got a scholarship. 그 사람 장학금 받았어요.
B : It doesn't matter. 말도 안 돼.
A : I mean what I say. 정말 이에요.

(8) S + be at a loss.

어쩔 줄을 모르다, 당황하다

예문

① I'm at a loss for words. 무슨 말을 해야 할지 모르겠어.

② I'm at a loss when it comes to singing a song. 노래를 부른다면 난 당황해.

③ She is in a position to be at a loss as to how to solve the problem.
그녀는 그 문제를 어떻게 해결해야 할지 당황해 하는 처지이다.

(9) I can hardly believe it.

난 거의 믿을 수가 없다.

예문

① I can hardly believe it's true. 그것이 사실인지 난 거의 믿을 수가 없다.

② I can hardly believe it but he is in a position to have to wear a cast for one month. 난 거의 믿을 수 없지만 그는 1개월 간 깁스를 해야 할 처지이다.

③ A : He won his seat for the election. 그는 그 선거에 당선되었다.
B : I can hardly believe it. 믿기지 않아.

(10) s + hold one's own in ~.

S는 ~면에서 자기 지위[입장]를 고수하다, 꺾이지 않다.

예문

① I hold my own in speaking English.
난 영어로 말하는 건 자신 있다.

② She must be held her own in singing a song.
그녀는 노래 부르는 것은 자신이 있을 거야.

③ I hold on my own in solving a math problem.
난 수학문제 푸는 것은 자신이 있다.

(11) S + be beyond ~.

S는 ~에게는 거리가 멀다, 불가능하다.

예문

① Singing a song is beyond me.
난 노래 못해요.

② It's beyond me.
그건 나하고는 거리가 멀어.

③ A : How about appearing on TV? TV에 출연해보는 게 어때?
B : It's beyond me. 그건 나하고는 거리가 멀어요.

(12) It doesn't make sense! 이건 말도 안 돼!
It doesn't make sense to + V. V를 한다는 건 말도 안 된다.

예문

① A : He won the first prize in physics. 그는 물리에서 1등상을 받았어요.
B : It doesn't make sense! 말도 안 돼!

② It doesn't make sense to selected as this season's MVP.
이번 시즌의 최우수 선수로 뽑혔다는 게 말도 안 된다.

③ A : I am not confident about chemistry. 난 화학에는 자신이 없다.
B : It doesn't make sense. You got praise from your chemistry teacher a few days ago.
말도 안 돼. 너 며칠 전에 화학 선생님으로부터 칭찬받았으면서.

(13) That's no excuse.

그건 변명이 될 수 없다.

대화

① A : Why did you miss a class? 너 왜 수업에 빠졌니?
B : I'be been to the health room. 보건실에 다녀왔어요.
A : That's no excuse. 그건 변명이 될 수 없다.

② A : Where were you last night? 간밤에 어디 있었니?
B : I studied mathematics with my friend. 친구와 함께 수학 공부했어요.
A : That's no excuse. 그건 변명이 될 수 없다.

③ A : Why not go to school yesterday? 어제 왜 학교에 안 갔지?
B : I had a bad headache yesterday. 저 어제 머리가 몹시 아파서요.
A : Don't make a poor excuse. 어리석은 변명하지 마.
B : I mean what I say. 정말이에요.
A : That's no excuse. 그건 변명이 될 수 없다.

(14) S + be bound up with + N.

S는 N과 밀접한 관계가 있다, 이해관계가 있다.

예문

① We are bound up with each other because we're old friends.
우리는 오랜 친구이기 때문에 우린 끊을 수 없는 사이이다.

② I am bound up with the company because I was an employee of the company before.
난 전에 그 회사에서 근무했기 때문에 그 회사와 관계가 있다.

③ We are bound up with the school because we went to the same school.
우린 그 학교의 동문이기 때문에 그 학교와 밀접한 관계가 있다.

(15) in the beginning

맨 처음에, 태초에

예문

① In the beginning God created the heavens and the earth.
태초에 하나님께서 천지를 창조하셨다.

② In the beginning you were timid and weak.
처음에 너는 소심하고 약했다.

③ I lost my mother in the beginning of the 1950s.
나의 어머니는 1950년대 작고하셨다.

(16) So be it. 그렇다면 좋다.

= Be it so! 상대방의 의사를 그대로 받아들이겠다는 의미를 지니고 있다.

대화

① A : May I go on a picnic with my friend tomorrow, Dad?
아빠, 내일 저의 친구와 함께 들놀이 가도 될까요?
B : So be it. 그렇게 해.

② A : How about leaving on a trip overseas after a few days?
며칠 후에 해외여행 떠나는 게 어떨까요?
B : Okay, I' d like to. So be it. 좋아요. 나도 그러고 싶어요. 그렇게 해요.

③ A : Daddy, Will you raise my allowance? 아빠, 용돈 좀 올려주실래요?
B : So be it. 그렇게 해.

(17) Suit oneself. 본인 마음대로 하다, 좋을 대로 하다

대화

① A : May I start a campaign for subscription? 모금 운동을 시작해도 될까요?
B : Suit yourself. 당신 알아서 하세요.

② A : May I throw it away? 그거 버려도 될까요?
B : Suit yourself. 좋을 대로 하세요.

③ A : I want to be a mountaineer. What do you think about it, Dad?
아빠, 저 등산가가 되고 싶은데 어떻게 생각하시나요?
B : Suit yourself. 마음대로 해.

chapter 10

The shoe is on the other foot.

입장형편이 정 반대로 바뀌었다.

❶ K Where is George?
(1)

❷ M He is missing already.
(2)

❸ K That's always the way with him.
(3)

❹ M I looked for him all over the place, but not a sign of him.
(4)

❺ K Well, it's a hard climb to get through with the work.
(5)

❻ M Seems like we're destined to work very hard.
(6)

❼ K He's a nuisance, isn't it?
(7)

❽ M Yes, he is. It won't hurt him to keep his nose to the grindstone.
(8)

❾ K That's why the boss is tired of him now.
(9)

❿ M He deserves it.
(10)

---

❶ K 조지 어디 있어요?
❷ M 그는 어디 가고 없는데요.
❸ K 그는 항상 그 모양 그 꼴이야.
❹ M 사방으로 그를 찾아봤는데, 흔적도 안보여요.
❺ K 업무를 끝내기가 아주 따분해요.
❻ M 우리는 열심히 일을 해야 할 운명인 것 같아요.
❼ K 그는 귀찮은 존재에요, 그렇죠?
❽ M 네 그래요. 그가 열심히 일을 해도 손해날 것은 없는데.
❾ K 그래서 사장님이 그를 싫어해요.
❿ M 그럴 만도 하죠.

⑪ K Yes. He brought it on himself. (11)

⑫ M He's in danger of being fired, I think. (12)

⑬ K That's dead sure.

⑭ M But the trouble is that he has to take care of a large family. (13)

⑮ K Oh, here comes George. (14)

⑯ M Here you are! Well, I'm sorry to say it but the boss is going to pay you off.

⑰ G What are you talking about?

⑱ M Hey, don't talk through your hat. (15)

⑲ G You're kidding!

⑳ M All right. Make sure of that yourself. (16)

---

⑪ K 그럼요. 그건 그 자신이 그렇게 만들었어요(자업자득).
⑫ M 그는 해고당할 우려가 있다고 생각해요.
⑬ K 그건 분명한 사실입니다.
⑭ M 하지만 곤란한 점은 그가 대가족을 돌봐야 한다는 거예요.
⑮ K 오, 저기 조지가 오고 있어요.
⑯ M 이제 왔군요! 이런 말 하기는 미안하지만 사장님이 당신을 해고한대요.
⑰ G 무슨 말씀을 그렇게 하시나요?
⑱ M 이봐요, 거짓말 하지 말아요.
⑲ G 농담이겠지!
⑳ M 좋아요. 직접 확인해보세요.

Notes on Conversation

(1) Where is + N?
N은 어디 있어요? N은 어디입니까?

예문

① Where is your mom? 엄마 어디계시니?

② Where is your cap? 인사해야지?(어린이에게 교육상 타이르는 말이다.)

③ Where is the fire? 어디에 불이 났나요?

(2) S + be missing.
S가 없어지다, 실종되다, 행방불명이 된다.

대화

① A : Where is your friend? 너의 친구는 어디 있니?
B : Well, He is missing. 글쎄요, 없어졌어요.

② A : Where are my glasses? 내 안경이 어디 있지?
B : Your glasses are missing. 안경이 없어졌어요.

③ A : Why did you cut the class? 왜 수업에 빠졌니?
B : I'm sorry but I won't be missing my lesson from now.
죄송합니다만 이제부터 수업을 놓치지 않을게요.

(3) That's always the way with + N.
N은 항상 그 모양 그 꼴이라니까, 항상 저런 식이야.

예문

① That's always the way with you. 넌 항상 그 모양 그 꼴이구나.

② That's always the way with the electronic goods.
저 전자 제품은 항상 저 꼴이야.

③ That's always the way with his writing style.
그의 필기 방법은 항상 그 모양 그 꼴이야.

(4) not a sign of + N.

N의 형적이 없는, N의 흔적이 없는

대화

① A : Where is my pen? 내 펜 어디 있지?
B : Not a sign of it. 안 보이는 데요.

② A : Do you know where she is? 그녀가 어디 있는지 알아요?
B : Not a sign of her. 그녀는 흔적도 없어요.

③ A : I don't know where it is. 그게 어디 있는지 모르겠어요.
B : I'm looking for it but not a sing of it. 찾고 있는 중인데 안보여요.

(5) S + get through with + N.

S는 N을 끝내다[완료하다], 완수하다

예문

① I will get through with my job soon.
저는 제 일을 곧 끝내겠습니다.

② You've got to get through with your duty by tomorrow.
당신은 내일까지 당신의 임무를 완수해야 합니다.

③ I believe that you'll get through with the new job.
새로운 직장에서 일을 잘 해내리라 믿습니다.

(6) S + be destined to + V.

S는 V를 할 운명이다.

예문

① I must be destined to be a great scientist from childhood.
난 어릴 적부터 위대한 과학자가 되어야 할 운명인가 봐.

② I'm destined to break up with my boyfriend.
난 남자 친구와 헤어져야 할 운명이다.

③ I'm destined to study English very hard.
난 영어를 열심히 공부해야 할 운명이다.

▶ s + break up with someone. : S는 ~와 헤어지다, 결별하다.

(7) S + be a nuisance.

S는 귀찮은 존재다.

예문

① A rat is a nuisance.
쥐는 귀찮은 존재야.

② What a nuisance!
아이 귀찮아!

③ Are you causing trouble again? It's a nuisance.
너 또 말썽 피우는 거니? 귀찮아.

(8) It won't hurt someone to + V.

~는 V를 한다고 손해날 것 없다, 해가 되지 않는다.

예문

① It won't hurt you to join the party.
넌 파티에 참석해도 해가 되지 않는다.

② It won't hurt her to learn English.
그녀는 영어를 배워도 해가 없어.

③ It won't hurt you to fail the history examination.
넌 역사 시험에 실패해도 해가 되지 않을 거야.

(9) S + be tired of + N, ~ing S는 N, ~ing가 싫증난다, 싫다.

예문

① I'm tired of you.
난 네가 싫어.

② I'm tired of hearing your voice.
난 네 목소리 듣는 것이 싫어.

③ She must be tired of me.
그녀는 나를 싫어하나 봐.

'싫어한다'는 강한 표현으로는 다음과 같다.

공식 S + be sick and tired of + N.
(S는 N을 지긋 지긋하게 싫어한다, 진력이 난다.)
위의 표현은 N만 보면 '아프고 피곤하다'라는 직역으로 너무 너무 싫은 것을 뜻한다.

① I'm sick and tired of hearing the same thing.
난 똑같은 말을 듣는 것 정말 지긋 지긋하다.

② Are you sick and tired of me?
넌 내가 너무 너무 너무 싫으니?

③ I'm sick and tired of my work.
난 나의 일이 너무 너무 싫어.

(10) S + deserve it.

S는 그럴 만하다

예문

① You deserve it.
당신은 그럴 만 해요.〈상대방의 행동이나 말을 비난하면서 쓰는 표현〉

② A : He failed the exam. 그는 낙방(落榜)했데요.
B : He deserves it. 그는 그럴 만 해.

③ A : He got chewed out by his boss. 그는 사장님께 꾸중 들었다.
B : He deserves it. 그는 그럴 만 해.
▶ S + get chewed out by someone : S는 ~에게 꾸중을 듣다.

(11) S + bring it on oneself.

S는 자초(自招)한 일이다.

예문

① He brought it on himself. 그는 자초한 일이다.

② Do you want to bring it on yourself? 넌 너 자신이 그렇게 만들고 싶니?

③ I just want to remind of this. Don't bring it on yourself.
이거 하나 명심해. 넌 일을 자초하지 마라.

(12) S + be in danger of + N, ~ing.

S는 N, ~ing의 위험에 처해 있다.

예문

① He is in danger of having his pay cut down. 그는 감봉당할 위기에 처해 있다.

▶ have one's pay cut down : 감봉 당하다.

② She is in danger of losing her job. 그녀는 직장에서 쫓겨 나갈 위험에 처해 있다.

▶ lose one's job : 직장에서 쫓겨 나가다.

③ I'm in danger of being mistaken for a thief.
난 도둑으로 오인 받을 위기에 처해 있다.

▶ be mistaken for ~ ~으로 오인 받다.

(13) but the trouble is that ~.

하지만 곤란한 점은 ~이다.

예문

① I want to save a lot of money for my rainy day but the trouble is that I'm out of money.
나는 만일의 경우를 대비하여 많은 돈을 저축하고 싶다, 하지만 곤란한 점은 나에겐 돈이 없다는 것이다.

② He is clever but the trouble is that he is idle.
그는 유능하다. 하지만 곤란한 점은 게으르다.

③ I know that you're making a lot of money but the trouble is that you're spending too much. Please cut down on your spending.
난 네가 많은 돈을 벌고 있다는 것을 안다. 하지만 곤란한 점은 소비가 너무 심하다. 제발 소비를 줄여라.

(14) Here comes + N.

N이 온다.

예문

① Here comes the bus.
버스가 온다.

② Here comes the rain.
비가 온다.

③ Here comes the parking control officer.
주차 단속하는 사람들이 온다.
▶ the parking control officer : 주차 단속반

(15) talk through one's hat

엉터리 얘기를 하다, 실없는 말을 하다, 엉뚱한 소리를 하다.

예문

① He talks through his hat.
그 사람 엉뚱한 소리 하는구나.

② You have a tendency to talk through your hat.
넌 엉뚱한 소리를 하는 경향이 있어.

③ Hey, Listen! Please you don't talk through your hat from now.
이봐, 잘 들어! 지금부터 엉뚱한 소리 좀 그만 해.

(16) S + make sure of + N.

S는 N을 확인하다, 확보하다.

예문

① You'd better make sure of your appointment time.
약속시간을 확인해보도록 하시오.

② Will you make sure of the correct answer?
정답을 확인해 보시겠소?

③ I'd like to make sure of your honesty.
난 당신의 정직성을 확인해보고 싶어요.

chapter 11

Two friends.

두 친구들.

❶ K I'm glad that you could come back to Korea. (1)

❷ B So am I. How have you been, Mr. Kim?

❸ K Fine, thank you. How is Mrs Brown?

❹ B Fine, thanks. How about Mrs Kim?

❺ K She is well, thank you. Well, I've missed you very much.

❻ B That just goes to show that nothing but the fact we're good friends. (2)

❼ K Not to change the subject, what's your eldest son doing?

❽ B He has joined the army. (7) He graduated from college last year.

❾ K Did he? It seems like only yesterday (4) he was a little boy.

---

❶ K 자네가 한국에 돌아와서 반갑네.
❷ B 나도 그래. Mr. Kim은 안녕하신가?
❸ K 그럼, 고맙군. Brown여사는 어때?
❹ B 잘 있네, 고마워. 김여사는 어때?
❺ K 잘 있지, 고맙네. 난 자네가 몹시 보고 싶었어.
❻ B 그 점으로 미루어보아, 우린 좋은 친구라는 사실이 틀림없어.
❼ K 본 화제로 돌아가서, 자네 장남은 뭘 하고 있나?
❽ B 군에 입대했어. 작년에 대학을 졸업했지.
❾ K 그랬군. 그 애가 소년이었던 시절이 엊그제 같은데.

⑩ B Time certainly does fly, doesn't it?
And I know your eldest daughter is married.

⑪ K How did you know that?

⑫ B You wrote me that in your letter.

⑬ K Did I? And is your second daughter still working in the bank?

⑭ B Yes, she is. She is going to get married to (5) a banker soon.

⑮ K And I've heard you have another son. Is that right?

⑯ B That's right. Tom, first son was born in Korea, and Jim, my second son was born in Switzerland.

⑰ K Well, sounds great. What will your next child's nationality be?

⑱ B I have no idea (6) yet.

⑲ K When will your family come to Korea?

⑳ B I'll bring them as soon as I find a house to live in. Oh.

---

⑩ B 세월 참 빠르지? 그리고 자네 장녀가 결혼한 걸로 알고 있는데.
⑪ K 그걸 어떻게 알았어?
⑫ B 자네가 나한테 편지했잖아.
⑬ K 내가 그랬나? 또 자네 둘째 딸은 아직도 은행에서 근무하고 있나?
⑭ B 그렇다네. 그 아이는 곧 은행원과 결혼할 걸세.
⑮ K 그리고 아들 하나 더 있는 걸로 들었는데, 사실인가?
⑯ B 그럼. 장남인 톰은 한국에서 태어났고, 둘째 Jim은 스위스에서 태어났지.
⑰ K 거 참 좋군. 다음 아들의 국적은 어디가 될까?
⑱ B 아직은 모르겠어.
⑲ K 자네 가족은 언제쯤 한국에 올 건가?
⑳ B 살집을 마련하자마자 데리고 와야겠어.

Notes on Conversation

(1) S + come back to ~.
S는 ~로 돌아오다가다, 어떤 주제 · 생각으로 되돌아가다.

예문

① When are you going to come back to your hometown?
당신은 언제쯤 고향으로 오실 예정이신가요?

② I'll forgive you, please come back to me.
당신을 용서 할 테니, 제발 나에게 돌아와 줘요.

③ I wish I could come back to her. 그녀에게 돌아갈 수만 있다면 얼마나 좋을까.

(2) That just goes to show that nothing but the fact~
그 점으로 미루어보아 ~이 틀림없다.

예문

① That just goes to show that nothing but the fact his business is in the red. 그 점으로 미루어 보아 그의 사업은 적자임에 틀림이 없다.

② That just goes to show that nothing but the fact she is made of money. 그런 점으로 봐서 그녀는 돈방석에 앉아있다.

▶ S + be made of money. : S는 돈방석에 앉아있다.

③ That just goes to show that nothing but the fact you must be a hen-packed-husband.
그 점으로 봐서 너는 공처가임에 틀림없다 .

▶ hen-packed-husband : 공처가(恐妻家)

(3) S + join the army.
S는 군에 입대하다.

예문

① He joined the army. 그는 육군에 입대했다.

② My friend is going to join the air force. 내 친구는 공군에 입대할 거다.

③ Are you going to join the navy? 넌 해군에 입대할 거니?

(4) It seems like only yesterday~.

~한 적이 엊그제 같은데

예문

① It seems like only yesterday he was looking for a job.
그가 직장을 구하고 있었던 때가 엊그제 같은데.

② It seems like only yesterday I had a date with her, I reached the age of sixty this year.
그녀와 데이트할 때가 엊그제 같은데, 벌써 환갑이군.

③ It seems like only yesterday we played hooky.
소꿉놀이 한 때가 엊그제 같은데.

(5) S + get married to someone.

S는 ~와 결혼하다.

예문

① Don't you want to get married to me? 나랑 결혼을 안할 거예요?

② I've go to get married to her as soon as possible.
난 가능한 한 빨리 결혼해야 한다.

③ I want to get married to her from the bottom of my heart.
난 진심으로 그녀와 결혼하고 싶다.
▶ from the bottom of one's heart : 진심에서

(6) I have no idea.

난 모르겠다. = I don't know yet.

대화

① A : Can you solve this math problem? 이 수학문제를 풀 수 있니?
B : I have no idea. 모르겠는데.

② A : Where am I? 여기가 어디죠?
B : I have no idea. 잘 모르겠습니다.

③ A : Excuse me, but Can you give me the time?
죄송합니다만, 지금 몇 시인지 가르쳐 주실래요?
B : I have no idea. 잘 모르겠습니다.

chapter 12

Live within your means.

너의 분수에 맞게 살아라.

1 A Are you going to hire a maid, Mom?
(1)

2 B You ought to know better than that.

3 A I'm afraid we can't afford it, Mom.

4 B In a way, yes, but we must keep up with the Joneses.
(3) (4)

5 A But it's beyond our means. I'm leaving now.
(5)

6 B Don't be long. And watch out for the cars.
(6) (6)

7 A Don't worry, Mom. I can take care of myself.

8 B Wait, Nancy! Why are you limping?

9 A My shoe pinches right here, that's why.

10 B Then why not try your new shoes.

---

1 A 엄마, 가정부 고용하시려고요?
2 B 네가 더 잘 알 텐데.
3 A 우린 그럴만한 여유가 없는데요, 엄마.
4 B 말하자면 그렇지, 하지만 우리는 다른 사람들과 보조를 맞추어야 돼.
5 A 하지만 그건 우리의 분수에 맞지 않아요. 저 다녀올께요.
6 B 빨리 다녀와라. 그리고 차 조심하고.
7 A 걱정하지 마세요, 엄마. 저도 이제 제 앞가림은 할 줄 알아요.
8 B 잠깐 낸시! 너 왜 절뚝거리니?
9 A 제 신발이 꽉 끼는데, 그래서 그래요.
10 B 그럼 새 신발신지 그러니.

⑪ A I have a rat in the shoes.

⑫ B You' ll have to do something about that.
(7)

⑬ A Well, I feel like buying another pair of shoes, Mom.

⑭ B Do you think I' ve got money to burn?
(8)

⑮ A No, but I must keep up with the Joneses.

⑯ B Oh, dear! Like mother, like daughter.

---

⑪ A 그 신발은 삐걱삐걱 소리가 나요.
⑫ B 그럼 넌 그것에 대해 대책을 세워야 되겠구나.
⑬ A 네, 저는 다른 구두를 하나 사고 싶어요.
⑭ B 넌 내가 돈을 쌓아놓고 사는 줄 아니?
⑮ A 아니요, 근데 다른 사람들과 보조를 맞추어야 하잖아요.
⑯ B 아이고! 그 어머니에 그 딸이구나.

Notes on Conversation

(1) S + hire a maid. S는 가정부를 고용하다.
S + hire ~ . S는 ~를 고용하다.

예문

① He hired a workman to repair the fence. 그는 일군을 고용하여 울타리를 고쳤다.

② She hired a gardener. 그녀는 정원사를 고용했다.

③ He hired a chauffeur. 그는 운전기사를 고용했다.

(2) in a way

어느 면에서는, 보기에 따라서는

예문

① In a way it was one of our biggest mistakes.
어떤 면에서는 그것이 우리의 최대 실수 중 하나였다.

② In a way I made a mistake in that.
어떤 면에서는 난 그 점에 대하여 잘못했다.

③ In a way I didn't do anything wrong.
어떤 면에서는 난 잘못한 것이 하나도 없었다.

(3) S + keep up with the Joneses.

S는 남에게 뒤지지 않으려 애쓰다, [구어] 이웃사람에게 지지 않으려고 허세를 부리다.
재산이나 사회적 성취 등에 있어서 주로 쓰이는 표현이다.

예문

① I cannot keep up with the Joneses.
나는 분수를 알아야 한다.

② He bought a new car to keep up with the Joneses.
그는 뒤처지지 않으려고 새차를 구입했다.

③ I'll try to keep up with the Joneses.
나는 남에게 뒤지지 않으려고 노력하겠다.

▶ Joneses : 사회적 지위가 비슷한 사람들

(4) S + be beyond one's means.

S는 분수에 지나치다.

예문

① To live like that is beyond your means.
그렇게 사는 것은 너의 분수에 맞지 않다.

② He has no enough money to buy an expensive car.
그는 비싼 차를 살 만큼 돈이 충분히 있다.

Nevertheless he wants to buy the expensive car.
그럼에도 불구하고 그는 비싼 차를 구매하기를 원한다.

It's beyond his means.
그것은 그의 분수에 맞지 않다.

③ Purchasing of luxury goods is beyond your means.
명품구매는 너의 분수에 맞자 않는다.

(5) Don't be long

빨리빨리 해라, 시간을 끌지 마라, 너무 기다리게 하지 마라.

예문

① Don't be long.
너무 시간 끌지 마세요.

② A : I have to do the dishes. 난 설거지를 해야 해요.
B : Don't be long. 빨리 끝내요.

③ A : I'll go to market because we don't have anything to eat.
먹을 것이 없어서 시장에 갈 거예요.
B : Don' t be long. 빨리 다녀와요.

(6) S + watch out for ….

S는 …을 경계하다[조심하다], …에 대해 주의하다.
좋지 않은 일이 생기는 것은 아닌지 잘 살피보라는 뜻으로 하는 표현이다.

예문

① You'd better watch out for pickpockets in the subway train.
지하철에서 소매치기를 조심하도록 하시오.

② Watch out for cars on your way to school.
등교 길에 차조심해라.

③ Watch out for dogs while you're jogging on the road.
길거리에서 조깅하는 중에 개들을 조심하시오.

(7) S + have to do something about + N.

S는 N에 대하여 어떤 조치를 취하다.

예문

① We have to do something about the new employees.
우리는 신입사원들에 대해 어떤 조치를 취해야 합니다.

② We have to do something about the rate of absenteeism at that school.
우리는 학교 결석률에 대해 어떤 조치를 위해야 합니다.

③ We have to do something about the current incident.
우리는 이번 사건에 대하여 어떤 조치를 위해야 합니다.

(8) S + have got money to burn.

S는 엄청 돈이 많다.

예문

① He has got money to burn.
그는 돈이 엄청 많아요.

② A : will you raise my allowance? Dad. 아빠, 용돈 좀 올려주실래요?
B : Do you know I've got money to burn. 넌 내가 돈이 썩어난 줄 아니?

③ I wish I could have got money to burn.
나에게 돈이 많으면 얼마나 좋을까.

chapter 13

She is pinned.

그녀는 임자가 있는 몸이다.

❶ M What's wrong, Charlie? You're very quiet today.

❷ C am I?

❸ M Of course. I've never seen you sit so still before. (1)
Has the cat stolen your tongue?

❹ C Now, look! I want to have a serious talk with you. (2)

❺ M What's it? Why are you in the glum face today? (3)

❻ C John is broken-hearted. (4) His girl friend is going with (5) Jack.

❼ M Oh? He is terribly in love with her.

❽ C I went to her home with John last evening, but we couldn't see her.

❾ M Wasn't she at home?

---

❶ M 무슨 일이 있어, 찰리? 오늘은 아무 말하지 않고 조용히 있네.
❷ C 내가?
❸ M 그럼. 네가 그렇게 조용히 있는 걸 예전엔 본적이 없는데.
왜 잠자코 있어?
❹ C 이봐! 난 너와 진지한 얘기를 하고 싶지 않아.
❺ M 뭔데? 오늘 왜 우울한 표정을 짓고 있니?
❻ C 존이 실연당했데. 그의 여자 친구가 잭과 교재 중이래.
❼ M 어? 그는 그녀를 무진장 사랑하는데.
❽ C 나는 어젯밤 존과 함께 그녀의 집에 찾아갔지, 근데 그녀는 없었어.
❾ M 집에 없었어?

⑩ C I think she pretended she wasn't.

⑪ M She is a flirt, don't you think so?

⑫ C That may be so, but she has her gracious ways.
(6) (7)

⑬ M I think Jack is a big liar.

⑭ C Don't size him up that way.
(8)

⑮ M How are you getting along with your girl friend?

⑯ C So far, so good.
(9)

⑰ M Whom is Joe going with now?

⑱ C He is going steady with Mary.
(10)

⑲ M So that's it! I wanted to have a date with her.
(11) (12)

⑳ C You can't do that. She is pinned.
(13)

---

⑩ C 내 생각에는 그녀가 없는 척한 것 같아.
⑪ M 그녀는 바람둥이라고 생각하지 않아?
⑫ C 그럴지도 모르지만 그녀에게는 좋은 점도 있어.
⑬ M 존이 대단한 거짓말쟁이인 것 같아.
⑭ C 그를 그런 식으로 평가하지 마.
⑮ M 너의 여자 친구하고는 잘 돼가?
⑯ C 지금까지는 좋아.
⑰ M 조는 누구와 사귀고 있어?
⑱ C 그는 메리와 꾸준히 사귀고 있어.
⑲ M 아, 그렇구나! 난 그녀와 데이트하고 싶었는데.
⑳ C 그럴 수는 없지. 그녀는 임자 있는 몸이야.

Notes on Conversation

(1) S + sit still

가만히 앉아 있다.

예문

① It's hard for us to sit still in the classroom.
우린 교실에서 가만히 앉아있기가 힘들다.

② Just sit still.
그냥 가만히 앉아있어.

③ This is my warning to you. It's too noisy now. Just sit still.
경고한다. 지금 너무 시끄럽다. 그냥 가만히 앉아있어라.

(2) S + have a serious talk with ~.

S는 ~와 심각한 대화를 하다.

예문

① I've got to have a serious talk with my boss.
난 사장님과 심각한 대화를 해야 한다.

② Do you want to have a serious talk with me?
당신은 나와 심각한 대화를 나누고 싶어요?

③ It's necessary to have a serious talk with you about the problem.
당신과 그 문제점에 관하여 심각한 대화를 할 필요가 있어요.

(3) S + be in the glum face.

S는 침울한 얼굴을 하고 있다, 우울한 표정을 하고 있다.

예문

① Why are you in the glum face now?
왜 당신은 우울한 표정을 짓고 있어요?

② You mustn't be in the glum face in public.
당신은 대중 앞에서 침울한 표정을 해서는 안돼요.

③ I won't be in the glum face from now.
난 지금부터 침울한 표정을 짓지 않겠습니다.

(4) S + be broken-hearted. S는 마음이 아프다, 실연당하다, 비탄에 잠기다.

「broken-hearted」에 대한 뜻을 더 살펴보면 「비탄에 잠긴, 실연한, 가슴이 미어질 듯한, 슬픔에 잠긴」 등의 뜻도 있다.

예문

① She is broken-hearted.
그녀는 실연(失戀)당했다.

② Why are you broken-hearted now?
너는 왜 지금 비탄에 젖어있니?

③ Are you broken-hearted? Cheer up!
넌 실연당했니? 힘내라!

(5) S + go with + somebody.

S는 ~와 연애하다, 어울리다

예문

① She is gong with Mr. John.
그녀는 존과 연애 중이야.

② Do you want to go with him?
넌 그이와 연애하고 싶니?

③ I want to go with Miss Lee in my office because she is definitely the prettiest girl.
그녀가 제일 예쁘기 때문에 난 그녀와 연애하고 싶어요.

(6) May be so.

그럴지도 몰라, 아마 그럴 거다.

예문

① A : She is pinned. 그녀에게는 짝이 있어요.
B : May be so. 아마 그럴 거야.

② A : My brother is handy. 내 동생은 손재주가 좋아요.
B : May be so. 아마 그럴 거야.

③ A : Switzerland is famous for its scenic beauty. 스위스는 아름다운 경치로 유명하다.
B : May be so. 아마 그럴 거야.

(7) S + have one's gracious way.

S에게는 장점이 있다, 자비로움이 있다, 우아하다

예문

① He has his gracious way. 그에게는 자애로움이 있다.

② A : What do you think of her? 그녀를 어떻게 생각하세요?
B : I want to have a date with her because she has her gracious ways.
그녀에게는 장점들이 있기 때문에 그녀와 데이트를 하고 싶어요.

③ We ought to have our gracious ways. 우리는 자비로움이 있어야 한다.

(8) size up 평가하다, 판단하다

size somebody/something up ~에 대해 평가[판단]를 내리다

예문

① Don't size him up thoughtlessly.
그를 함부로 평가하지 마시오.

② I don't want to size her up.
난 그녀를 평가하고 싶지 않아요.

③ This is my final warning to you. Don't size me up thoughtlessly.
당신에게 하는 나의 마지막 경고에요. 나를 함부로 평가하지 말아요.

(9) So far, so good.

지금까지는 좋다.

대화

① A : How about your boarding house? 너의 하숙집은 어때?
B : So far, so good. 지금까지는 좋아.

② A : What do you think of your school? 너의 학교를 어떻게 생각해?
B : So far, so good. 지금까지는 좋아.

③ A : How about your teacher? 너의 선생님은 어때?
B : So far, so good. 지금까지는 좋아.

▶ so far : 지금까지

(10) S + go steady with someone.

S는 ~와 꾸준히 사귀다.

예문

① I go steady with my girl friend.
난 나의 여자 친구와 꾸준히 사귀고 있다.

② Do you want to go steady with her?
넌 그녀와 꾸준히 사귀고 싶니?

③ Will you go with me?
나랑 사귈래요?

(11) So that's it.

아 그렇구나, 어쩐지.

대화

① A : He moved to New York last week. 그는 지난 주 뉴욕으로 이사했어요.
B : So that's it. 아, 그렇구나.

② A : He was promoted to executive director. 그는 전무로 승진했어요.
B : So that was it. 아, 그랬었구나.

③ A : His business is in the red in these days. 그의 사업이 요즘에 적자입니다.
B : So that's it. 아, 그렇구나.

(12) S + have a date with someone.

S는 ~와 데이트하다, ~와 만나기로 약속하다

예문

① I'm scheduled to have a date with her, I'm so excited.
난 그녀와 데이트할 거예요, 무척 설레요.

② I have a date with my boy friend tonight.
난 오늘 밤 남자 친구와 데이트가 있어요.

③ Do you really want to have a date with him.
넌 정말로 그와 데이트하고 싶니?

(13) S + be pinned.

S에게는 짝이 있다. 임자가 있다.

예문

① She is pinned.
그녀는 짝이 있어.

② I'm pinned. Leave me alone.
난 임자 있는 몸이야. 나 혼자 있게 놔둬.

③ Excuse me, I've got something to ask you. I want to have a date with you, but Are you pinned?
죄송합니다, 물어볼 말이 있어요. 난 당신과 데이트를 하고 싶은데 애인이 있습니까?

chapter 14

You can swim in your suit.

당신은 양복을 입고 수영할 수 있어요.

1 S Good afternoon, sir.

2 J I'd like to order a business suit. (1)

3 S Very good, sir. What sort of material did you have in mind? (2)

4 J Money is no object. I want a suit that'll hold its shape. (5) (4)

5 S How do you like this pattern, sir?

6 J Don't you think it's too loud for me?

7 S On the contrary, sir.

8 J You mean it'll suit my very nicely?

9 S Yes. But you don't like it. Here's a slightly darker shape.

10 J Oh! Just what I've been looking for. How much? (5)

---

1 S 어서 오세요, 손님.
2 J 옷 한 벌 맞추고 싶어요.
3 S 좋습니다, 손님. 어떤 천으로 하시겠습니까?
4 J 돈은 염려마시고, 형태를 그대로 유지할 수 있는 양복을 원합니다.
5 S 이 무늬는 어떠세요, 손님?
6 J 저에게는 너무 호화롭다고 생각하지 않나요?
7 S 그렇게 생각하지 않는데요, 손님.
8 J 저에게 잘 어울린다는 말씀인가요?
9 S 네. 그 무늬를 좋아하지 않으시네요. 여기에 좀 어두운 무늬가 있어요.
10 J 제가 찾고자 하는 것이 이것입니다. 얼마죠?

⑪ S Three hundred dollars, sir.

⑫ J Whew! That's a lot of money.

⑬ S I see your point absolutely. (8) How about two hundred and fifty dollars?

⑭ J Well, it's still steep for me. (13) Can you come down a little more?

⑮ S It's special cloth imported from Italy.

⑯ J Does it hold its crease? (8)

⑰ S Sure. and it doesn't wrinkle.

⑱ J Can I jump in the river and swim in it?

⑲ S Sure, you can. I only quote standard prices. (9)

⑳ J Okay. I'll give you the order.

---

⑪ S 300불입니다, 손님.
⑫ J 오! 비싸군요.
⑬ S 손님의 입장을 잘 알겠습니다. 250불이면 어떻겠습니까?
⑭ J 글쎄요, 그래도 저에게는 벅찹니다. 좀 더 깎아주실 수 있어요?
⑮ S 그건 이태리에서 수입한 특수한 천입니다.
⑯ J 주름이 안 펴지나요?
⑰ S 물론이죠, 그리고 주름이 생기지도 않습니다.
⑱ J 물속에 뛰어들어 수영도 할 수 있나요?
⑲ S 물론입니다. 그러셔도 됩니다. 저는 정당한 가격을 불렀을 뿐입니다.
⑳ J 좋아요, 그 천으로 할게요.

Notes on Conversation

(1) I'd like to order.
난 주문하고 싶어요.

예문

① I'd like to order **a calendar.** 달력을 주문하고 싶습니다.

② I'd like to order **a medical dictionary.** 의학 사전을 주문하고 싶습니다.

③ I'd like to order **room service.** 룸서비스를 부탁합니다.

(2) What sort of ~ do you have in mind?
~을 원하십니까?, ~을 마음에 두고 있나요?

예문

① What sort of **pen** do you have in mind?
무슨 펜이 마음에 드시나요?

② What sort of **suit** do you have in mind?
어떤 양복을 원하십니까?

③ What sort of **cell phone** do you have in mind?
어떤 휴대폰이 마음에 드십니까?

(3) Money is no object.
돈은 문제가 안 됩니다. (돈을 충분히 소유하고 있을 때 쓰이는 표현이다.)

예문

① He travels around the world as if **money is no object.**
그는 돈이 많은 것처럼 전 세계를 돌아다닌다.

② **You can purchase everything what you want because** money is no object.
당신은 돈 걱정이 없기 때문에 원하는 것 무엇이든지 구매할 수 있어요.

③ **You must be rich because** money is no object.
당신은 돈이 많기 때문에 부자임에 틀림이 없어요.

(4) S + hold its shape.

S는 그 모양 그대로 유지하다.

예문

① My suit holds its shape.
나의 양복은 원래 모양을 그대로 유지합니다.

② This T-shirt holds its shape because of a famous brand.
이 티셔츠는 유명 브랜드 제품이기 때문에 원래 모양을 그대로 유지한다.

③ My Y shirt holds its shape.
나의 Y셔츠는 그대로의 형태를 유지한다.

(5) Just what I've been looking for.

바로 이것이 내가 찾던 것이야.

대화

① A : Here is a gift for you. 여기 선물이에요.
B : Just what I've been looking for. 이것이 바로 내가 찾던 것이야.

② A : What are you looking for? 무엇을 찾고 계시나요?
B : I am looking for a digital radio. 디지털 라디오를 찾고 있어요.
A : How about this? 이거 어떠세요?
B : Just what I've been looking for. 이것이 바로 내가 찾던 것입니다.

③ A : Do you have an external hard drives for computers.
컴퓨터용 외장 하드드라이브를 가지고 있나요?
B : Yes, here it is. 네, 여기 있습니다.
A : Just what I've been looking for. 이것이 바로 내가 찾던 것입니다.

▶ external hard drive : 외장하드 드라이브

(6) S + see one's point absolutely.

S는 ~의 입장(처지)을 잘 알다.

예문

① I see your point absolutely.
난 당신의 처지를 알겠습니다.

② Can you see my point absolutely?
당신은 내 처지를 아나요?

③ Please see my point absolutely.
제발 저의 입장을 좀 알아주세요.

(7) S + be still steep for ~ .

S는 ~에게 벅차다.

예문

① It's still steep for me.
그건 나에게는 벅차다.

② The price is still steep for me.
그 가격이 나에겐 벅차다.

③ Solving the math problem is still steep for me.
수학문제를 푸는 것은 나에게는 벅찹니다.

(8) S + hold its crease.

S는 주름살이 안 펴진다.

예문

① Your suit holds its crease.
당신의 양복은 주름살이 안 펴져요.

② My shirt holds its crease.
내 셔츠의 주름살은 안 펴져요.

③ The dress is driving me crazy. because it holds its crease.
그 옷 때문에 환장하겠어요. 주름살이 안 펴져요.

(9) S + quote standard price.

S는 정당한 가격을 부르다.

예문

① I quoted standard price. 저는 정당한 가격을 불렀어요.

② It is extremely expensive. You'd better quoted standard price.
엄청 비쌉니다. 정당한 가격을 부르세요.

③ A : Will you cut down the price a little bit? You ask too much.
가격을 좀 깎아 주시겠어요? 너무 비싸요.

B : I quoted standard price. 저는 정당한 가격을 불렀어요.
A : You have the impudence to refuse my proposal.
당신은 무례하게도 내 제의를 거절하신군요.

chapter 15

You'll find someday I was right.

내가 옳았다는 것을 넌 언젠가는 알게 될 거야.

❶ A Who is it? Well, well, if it isn't you, Harris! (1)

❷ B I'm sorry I dropped in without any notice. (2)

❸ A You'll have to pardon me. (3) My room is a mess.

❹ B That's all right. Anyway, I'm sorry that I owe you a visit. (5)

❺ A Thanks for coming, Harris.

❻ B By the way, here is a puppy for you.

❼ A Say! That's just what I wanted. You're a mind reader. (6)

❽ B Thanks, Jim.

❾ A Shall we have a drink? Charlie! come here, quick!

❿ B I'm here, Grandpa.

---

❶ A 이게 누군가? 아니 이거 해리 아닌가!
❷ B 예고 없이 들러서 미안하네.
❸ A 나를 이해해줘야 되겠어. 방이 너무 지저분해.
❹ B 괜찮네. 아무튼 자네를 찾아보지 못해서 미안하네.
❺ A 해리, 와 줘서 고맙네.
❻ B 근데 자네에게 줄 강아지 한 마리가 있어.
❼ A 야! 그것이 바로 내가 원했던 거야. 자네는 남의 속을 잘 알아준단 말이야.
❽ B 고맙네, 짐.
❾ A 술 한잔할까? 찰리! 이리와 빨리!
❿ B 저 여기 있어요, 할아버지.

⑪ G Did you drink it all? Now listen …….

⑫ B Is this going to be another long speech, (10) Grandpa?

⑬ G Cut it out! Don't you dare to (11) do that again.

⑭ B No, I won't, Grandpa.

⑮ G If you don't change your attitude now, you're going to be sorry someday.

⑯ B I'm sorry, Grandpa. I swear it'll never happen again.

⑰ G Don't tell me (8) you're kidding me now!

⑱ B No, I'm not. That's exactly what I mean.

⑲ G I see. Take my word for it. (9) You'll find out someday I was all right.

⑳ B Yes, I will. May I leave now?

---

⑪ G 너 술 다 마셨어? 야, 내 얘기 들어봐 …….
⑫ B 또 잔소리 하시려고 그러시죠, 할아버지?
⑬ G 닥쳐! 다시는 그런 무례한 행동하지 마!
⑭ B 네, 알겠습니다, 할아버지.
⑮ G 네가 그 버릇을 고치지 않으면, 넌 언젠가는 후회할 거야.
⑯ B 죄송합니다, 할아버지. 다시는 그런 일이 없을 것을 맹세합니다.
⑰ G 설마 나에게 농담하는 건 아니겠지!
⑱ B 예, 아닙니다. 진심으로 드린 말씀입니다.
⑲ G 알았다. 내 말을 명심해라. 내가 옳았다는 것을 넌 언젠가는 알게 될 것이다.
⑳ B 네, 명심하겠습니다. 이제 가도 됩니까?

Notes on Conversation

(1) Well, well, if isn't you, ~!

아니 이거 ~아닌가!

직역하면 「만약 당신이 ~가 아니라면」이라고 할 수 있다. 오랜만에 무척 반가운 사람을 만났을 때 쓰는 표현이다.

예문

① Well, well, if it isn't you, Mr Bob!
아니 이거 밥 아닌가! (너무 반가워서 하는 말)

② Well, well, if it isn't you, my old friend, Mr. George!
아니 이거 나의 오랜 친구, 조지 아닌가!

③ Well, well, if it isn't you, Terry!
아니 이거 테리 아닌가!

(2) without any notice

아무런 예고도 없이

예문

① He dropped in his school for a while without any notice.
그는 아무런 예고도 없이 그의 학교에 잠시 들렀다.

② He was engaged in business without any notice.
그는 아무런 예고도 없이 사업에 종사했다.

③ She called at my house without any notice.
그녀는 아무런 예고도 없이 나의 집을 방문했다.

(3) You'll have to pardon me.

너는 나를 이해해줘야 겠다.

대화

① A : I'm dying to see you. So I visited you without any notice.
난 네가 보고 싶어 죽겠어. 그래서 예고 없이 방문한 거야.
B : You're mean! 너 너무했어!
A : You'll have to pardon me. 너는 나를 이해해줘야 겠다.

② A : Please repay the money to me. 나에게 돈을 갚아주게나.
B : I'm sorry, but You'll have to pardon me.
미안하지만, 자네는 나를 이해해줘야 겠다.

③ A : Are you going with my sister now? 너 내동생과 사귀니?
B : You said it, I really want to marry your sister for anything.
그렇다네, 난 너의 여동생과 어떤 일이 있더라도 꼭 결혼하고 싶어.
A : How dare you talk to me that way? 감히 내게 그런 말을 하다니?
B : You'll have to pardon me. 너는 나를 이해해줘야 겠다.

(4) I owe you a visit.

다음번엔 내가 방문을 할 차례다.

상대는 자기의 집에 방문해주었는데 본인은 그 사람의 집에 방문을 못했을 때 「나는 당신에게 방문 하나를 빚졌다.」라고 표현으로 내가 이번에는 방문할 차례라는 것을 알리는 표현이다.

예문

① I owe her a visit.
내가 그녀를 방문할 순서다.

② Thank you for visiting me the day before yesterday. I owe you a visit.
그저께 날 방문해 줘서 고마워. 다음번에 내가 방문할 차례야.

③ A : Thank you for inquire after my health when I was in the hospital. 내가 입원했을 때 병문안해줘서 고마워요.
B : You're welcome. 천만에요.
A : Why are you in the hospital? 왜 입원해 있어요?
B : Because of nasal inflammation. 비염 때문이에요.
A : I owe you a visit. 내가 그를 방문할 순서다.

(5) mind reader

상대방의 마음을 잘 알아주는 사람, 남의 마음을 꿰뚫어 보는 사람

대화

① A : What are you going to do after work. 퇴근 후에 뭘 하실 겁니까?
B : Nothing in particular. 특별한 건 없어요.
A : You don't say! Are you going to have a liquor?
설마! 술 한 잔 하실 거죠?
B : Oh, you are a mind reader. 오, 남의 속을 잘 아시네요.

② A : What's on your schedule now? 지금 뭘 하시려고 그러세요?
B : Nothing special. 특별한 일 없어요.
A : Are you going to have a date with your girl friend?
여자 친구와 데이트할 거죠?
B : Oh, you are a mind reader. 오, 남의 속을 잘 아시네요.

③ A : I can't make up my mind now. 난 지금 고민하는 중입니다.
B : What for? 무엇 때문에요?
A : You don't need to know about me. 나에 대해선 알 필요 없어요.
B : Maybe, I think you broke up with your sweet-heart.
아마도, 애인과 헤어진 것 같은데요.
A : You're a mind reader. 나의 마음으로 꿰뚫어보시네요.

(6) long speech

잔소리, 긴 연설

잔소리는 아주 길게 많은 말을 하기 때문에 short speech가 아니라 long speech이다.
다른 표현으로 'nag'라는 단어도 있다.

예문

① My grandpa nags a lot.
우리 할아버지는 잔소리가 많으시다.

② Are you going to be long speech?
잔소리 하시려고요?

③ Please don't be long speech.
제발 잔소리 좀 하지 마세요.

(7) S + dare to + V.

S는 감히 V를 하다.

예문

① Don't you dare to say like that again.
다시는 무례하게 그런 말 하지마라.

② How dare you talk to me that way?
감히 나에게 그런 말을 하다니!

③ How do you dare to meet my daughter?
감히 내 딸을 만나다니?

(8) Don't tell me ~.

설마 ~은 아니겠지!

예문

① Don't tell me you've turn down my invitation!
설마 내 초대를 거절하지는 않겠지!

② Don't tell me you were late for school again!
설마 너 또 학교에 지각한 건 아니겠지!

③ Don't tell me you had a liquor.
설마 술 먹은 건 아니겠지!

(9) Take my word for it.

나를 믿어주세요.

예문

① You mustn't take her word for it.
그녀의 말을 그대로 믿으면 안 됩니다.

② I'll take your word for it.
난 당신의 말을 믿어요.

③ Please take my word for it.
제발 내 말 좀 믿어주세요.

chapter 16

Books

책

❶ K　I saw you at the bookstore the other day.

❷ C　I was just browsing. That's all.
(1)

❸ K　Do you like reading that bad?
(2)

❹ C　Sure. I'm always absorbed in reading books.
(3)

When reading, I usually sit up late. And I'm in the habit of reading a bed.
(4) (5)

❺ K　It is injurious to the eyes to read in the twilight.
(6) (7)

❻ C　But it's all right. What's your favorite book?

❼ K　Well, it's "Wuthering Heights" by Emily Blondie.

❽ C　I read it when I was a junior high school student.
I still remember the impression made on me.

---

❶ K　지난번 서점에서 너를 봤어.
❷ C　책을 그냥 뒤적뒤적했을 뿐이야. 그것뿐이야.
❸ K　넌 그렇게 까지도 독서를 좋아하니?
❹ C　그럼. 난 독서에 항상 몰두하니까.
독서할 때면 언제나 밤늦게까지 하지. 그리고 난 침대에 누워서 읽는 습관이 있어.
❺ K　너무 밝은 곳에서 독서하면 눈이 나빠.
❻ C　그래도 괜찮아. 네가 좋아하는 책은 무슨 책이야?
❼ K　응, 에밀리 브론테가 쓴 "폭풍의 언덕"이라는 책이야.
❽ C　내가 중학생일 때 그 책을 읽었어.
아직까지도 나에게 준 인상을 기억하고 있어.

⑨ K Have you read "Blondie"?

⑩ C Oh, yes. I would never miss it. What a smart and witty cartoon!

⑪ K Aren't you also a magazine lover?

⑫ C Yes, I am.

⑬ K It's very instructive and interesting.

⑭ C Have you read last month's issue of Reader's Digest?

⑮ K No, I've missed it.

⑯ C A large number of books and magazines are published, but very few of them are worth reading.
(8)

⑰ K Yes, it's quite true.

⑱ C Please lend me "Gone with the wind" when you're through with it.
(9)

⑲ K If you want, you may read this first.

⑳ C Thank you. This is the very book I've been looking for.

---

⑨ K 브론테 읽었니?
⑩ C 그럼. 그건 절대로 놓치지 않았어. 아주 멋있고 매력적인 작품이야.
⑪ K 넌 잡지를 좋아하지 않니?
⑫ C 아니야, 좋아해.
⑬ K 그 책은 배울 점이 많고 흥미 있는 책이야.
⑭ C 지난달의 리더스 다이제스트 발행물 읽었니?
⑮ K 아니 그건 못 읽었어.
⑯ C 많은 책들과 잡지가 발행되는데, 읽을 만한 값어치가 있는 책은 드물어.
⑰ K 응, 그건 진짜 맞는 말이야.
⑱ C '바람과 함께 사라지다' 라는 책 다 읽었으면 빌려줘.
⑲ K 네가 원하면, 먼저 읽어도 돼.
⑳ C 고마워. 이 책이 내가 찾고 있었던 책이야.

Notes on Conversation

(1) S + be just browsing.

S는 책장을 뒤적거리고 있다, 구경만 하고 있다.

예문

① I am just browsing.
저는 그냥 구경만 하고 있어요.

② A number of people are browsing in the bookstore.
몇 사람이 서점에서 책장을 뒤적거리면서 읽고 있다.

③ He is browsing the headline for news.
그는 무슨 뉴스거리가 없나 하고 표제어를 훑어보고 있다.

(2) that bad

그렇게도, 그렇게 까지도

예문

① Do you want to go in my stead that bad?
넌 내 대신 그렇게도 가고 싶니?

② He suffered from illness that bad.
그는 그렇게도 병으로 고생했다.

③ We are in sympathy with the young man that bad.
우리는 그 젊은이에게 그렇게도 동정하고 있다.

(3) S + be absorbed in + N, ~ing.

S는 N, ~ing에 몰두하다, 여념이 없다.

예문

① He is absorbed in deep thought.
그는 깊은 생각에 잠겨있다.

② She is absorbed in watching the television.
그녀는 T.V. 시청에 몰두하고 있다.

③ Are you absorbed in listening to the music?
넌 음악 감상에 몰두하고 있니?

(4) S + sit up late.

S는 밤늦도록 자지 않고 있다, 늦게까지 안 자다.

예문

① I sat up late last night.
나는 어젯밤 늦게까지 않자고 있었다.

② Why did you sit up late last night?
왜 어젯밤에 늦게까지 안 잤니?

③ Don't sit up late.
일찍 자라.

(5) S + be in the habit of + ~ing.

S는 ~ing하는 습관이 있다, 상습적으로 ~ing하다.

예문

① I'm in the habit of reading a book every day.
난 매일 독서하는 습관이 있다.

② She is in the habit of singing to herself.
그녀는 흥얼거리는 습관이 있다.
▶ sing to oneself : 흥얼거리다.

③ My father is in the habit of going for a walk in the early morning.
나의 아버지는 이른 아침에 산책하시는 습관이 있다.

(6) S + be injurious to + N.

S는 N에 나쁘다.

예문

① Smoking is injurious to the health.
흡연은 건강에 해롭다.

② There you drinking again. Drinking is injurious to your health.
너 또 술 마셨구나. 음주는 건강에 나쁘다.

③ Gambling is injurious to you.
노름은 너에게 안 좋아.

(7) in the twilight
황혼기에

예문

① He is in the twilight years of her life.
그는 인생의 황혼기에 접어들었다.

② I'm in the twilight now.
난 이제 황혼기에 접해있다.

③ Judging from your bad sight, You must be in the twilight.
시력이 안 좋은 것으로 미루어봐서 넌 황혼기에 접어든 거야.

(8) S + be worth + ~ing.
S는 ~ing 할 만한 값어치가 있다.

예문

① The book is worth reading.
그 책은 읽을 만한 가치가 있다.

② It's worth mentioning.
언급할 만한 값어치가 있다.

③ The theme song of a motion picture is worth listening.
그 영화의 주제가는 들을만한 값어치가 있다.

(9) S + be through with + N.
S는 N과 절교하다, 끝내다.

예문

① I'll be through with her because she is s bad character.
그녀는 성격이 안 좋아서 절교해야 겠어요.

② I will be through with my homework by tomorrow.
난 숙제를 내일까지 끝내겠습니다.

③ I will be through with the work soon.
나는 곧 그 일을 끝내겠다.

chapter 17

All men desire to live long and happy.

모든 사람들은 장수(長壽)와 행복을 원한다.

❶ A Well, I feel naked and hollow! (1)

❷ B What do you mean by that?

❸ A You see, I had a son once. He was killed in the war.

❹ B Oh, that's a great pity. (2) That's news.

❺ A I can't think of him as gone.

He death robbed me of all happiness in life. (3)

❻ B War brings nothing but (4) misery to mankind.

❼ A But we don't have to grieve over the past. (5)

❽ B How true, but (6) ……… .

❾ A Well, let's change the subject … well, I guess I'll run along now.

---

❶ A 마음이 허전해!
❷ B 무슨 뜻이야?
❸ A 있잖아, 내겐 아들이 하나 있었지. 그 아들이 전쟁 중에 타계했어.
❹ B 아, 참 안됐군. 금시초문(今時初聞)이었어.
❺ A 난 아들이 죽었다고 생각되지 않아. 그의 죽음은 나의 모든 행복을 앗아 갔어.
❻ B 전쟁이란 우리 인간에게 불행만을 안겨다 준다니까.
❼ A 하지만 우리는 지나간 과거를 회상할 필요는 없어.
❽ B 그건 사실이야, 그런데 ……… .
❾ A 응, 화제를 바꾸어 보자고 … 나 이제 가봐야겠어.

⑩ B Are you going already? Stay a bit. I won't keep you long.
(7)

⑪ A I'm afraid I must be off now. It's getting rather late.

⑫ B But this is one of your rare visits.

⑬ A We must get together again soon.

⑭ B I'll be seeing you again.

⑮ A Take it easy, Harris. Please feel free to call on me whenever you want to.
(8) (9)

⑯ B I'll be very happy to.

---

⑩ B 벌써 갈려고? 좀 더 있지 그래. 오래 잡지 않을 게.
⑪ A 아무래도 지금 가봐야겠어. 너무 늦어지는데.
⑫ B 그렇지만, 모처럼 왔는데.
⑬ A 조만간 다시 만나자.
⑭ B 다시 만나자고.
⑮ A 살펴가, Harris. 자네가 원할 때 언제든지 마음 놓고 나를 방문해.
⑯ B 그렇게 할게.

Notes on Conversation

(1) S + feel naked and hollow.

S는 마음이 허전하다.

naked는 형용사로서 '벌거벗은, 노출한' 등의 뜻이 있으며, hollow는 '속이 빈, 텅 빈' 등의 뜻이기 때문에 「벌거벗고 또 속이 텅 빈 것 같은 느낌이 든다.」라고 생각할 수 있는바 「마음이 허전하다.」라고 해석 될 수 있다.

예문

① He must be felt naked and hollow.
그는 마음이 허전한 것 같다.

② Are you feeling naked and hollow?
허전한 마음을 느끼고 있니?

③ I guess the only way to say it now, I feel naked and hollow.
언제 말해도 할 것 지금 말해야지, 난 마음이 허전해요.

(2) That's a great pity.

그것 참 안됐다, 실로 유감이다, 안타까운 일이다.

대화

① A : I can't get off duty today. 나는 오늘 빠져나올 수 없어요.
B : That's a great pity. 그거 안 됐군.

② A : I'm ill at ease. 난 마음이 편치 않아.
B : That's a great pity. 그거 안 됐군.

③ A : I'm no match for him. 난 그와 적수가 안 돼.
B : That's a great pity. 그거 안 됐군.

(3) S + rob somebody of all happiness in life.

S는 ~에게서 모든 행복을 앗아가다.

예문

① His death robbed me of all happiness in life.
그의 죽음은 나에게서 모든 행복을 앗아갔어.

② His failure robbed his wife of all happiness in life.
그이 실패는 그의 아내에게서 모든 행복을 앗아갔다.

③ Our divorce robbed me of all happiness in life.
우리의 이혼은 나에게서 모든 행복을 앗아갔어.

(4) nothing but

오직, 그저[단지], …일 뿐인

예문

① It was nothing but a joke.
그것은 그저 농담에 불과했다.

② I have to study nothing but English.
나는 영어만 공부해야 한다.

③ You've got to study nothing but math and English so as to enter the school.
너는 그 학교에 입학하기 위해서는 수학과 영어만 공부해야 한다.

(5) S + grieve over the past.

S는 지나간 과거를 회상하다.

예문

① You don't have to grieve over the past.
너는 지나간 과거를 회상할 필요 없다.

② A : What are you doing now? 지금 뭘 하고 있어.
B : Nothing in particular. 특별한 것 없어요.
A : You don't have to grieve over the past. 너는 지나간 과거를 회상할 필요 없다.

③ Don't grieve over the past.
지나간 과거를 회상하지 마라.

(6) How true.

옳은 말이다, 그건 정말 그래.

대화

① A : I hear, his business is in the black in these days.
듣자하니, 그의 사업이 요즈음에 흑자라면서.
B : How true. 그렇습니다.

② A : He fell and broke his arm the day before yesterday.
그 사람 넘어져서 팔이 부러졌다면서요.
B : Do you really mean it? 정말이에요?
C : How true. 맞아요.

③ A : She scheduled to get married to Mr. Terry. Is that right?
그녀는 테리와 결혼한대요. 맞나요?
B : How true. 그래요.

(7) Stay a bit.

좀 더 있다 가세요.

대화

① A : I must be off now. 이제 가봐야겠습니다.
B : Stay a bit. 조금 더 놀다 가세요.

② A : I'm very busy like a bee, so I must be off now.
제가 무척 바빠서 이제 가봐야 되겠습니다.
B : Won't you stay a little longer? 좀 더 계시다 가시죠?
A : I don't have the time to stay here.
여기에 머무를 시간 여유가 없어서요.
B : Stay a bit. 조금 더 있다 가시지.

③ A : I've got to make an early start. 저는 일찍 출발해야 합니다.
B : Stay a bit. 조금 더 있다 가시지.

(8) S + feel free to + V.

S는 마음 놓고 V를 하다, 마음대로 V를 하다.

예문

① Feel free to call me anytime.
마음 내킬 때 언제든지 전화해.

② You may feel free to ask me anytime.
당신은 마음대로 언제든지 나에게 질문해도 돼요.

③ She feels free to come to see me from time to time.
그녀는 마음 내키는 대로 때때로 나를 만나러 온다.

(9) S + call on + someone.

S는 N을 방문하다.

예문

① I'll call on you next month.
다음 달에 찾아뵙겠습니다.

② When are you going to call on him?
그를 언제쯤 방문할 겁니까?

③ I'll call on you with my sweet-heart this Sunday.
저는 나의 애인과 이번 일요일에 찾아뵙겠습니다.

chapter 18

At Macy's

Macy 백화점에서

1 A You must be tired after a long ride. (1)

2 B Well, I still don't feel tired.

3 A You're a little excited, aren't you?

4 B It's no wonder.

5 A Why is that? (2)

6 B Because this is my first time in a foreign country. (3)

7 A Well, I don't blame you.

8 B How about window-shopping or something like that?

9 A That's a good idea, dear.

10 B What's the name of that department store?

---

1 A 오랫동안 차를 타고 와서 피곤해 보입니다.
2 B 별로 피곤한 줄 모르겠어요.
3 A 좀 긴장 되셨죠?
4 B 당연하지요.
5 A 왜 그러죠?
6 B 해외는 이번이 처음이니까요.
7 A 글쎄요, 무리는 아니네요.
8 B 우리 window-shopping이나 하는 게 어떻겠습니까?
9 A 그것 참 좋은 생각입니다.
10 B 저 백화점 이름은 무엇입니까?

⑪ A It's Macy's, the largest store in the world.

⑫ B Is that right?

⑬ A Yes, it is. Let's go in and take a look around. (4)

⑭ C What can I do for you?

⑮ A How much does it cost?

⑯ C Seventy dollars, please.

⑰ A I'm afraid it's rather steep. (5)

⑱ C No, sir. You really have a good buy. (6)

⑲ A Can I come down a little? (7)

⑳ C The prices are reasonable, sir.

---

⑪ A 세계에서 가장 큰 Macy 백화점입니다.
⑫ B 그래요?
⑬ A 네, 그렇습니다. 들어가서 여기 저기 구경이나 해 봅시다.
⑭ C 어서 오세요?
⑮ A 이거 얼마죠?
⑯ C 70달러입니다.
⑰ A 너무 비싼 것 같아요.
⑱ C 그렇지 않습니다, 손님. 그 가격에 사시면 물건 잘 사시는 겁니다.
⑲ A 가격을 좀 더 깎아 주실 수 있나요?
⑳ C 정당한 가격입니다, 손님.

Notes on Conversation

(1) after a long ride

오랫동안 차를 타고

예문

① I arrived here in safety after a long ride.
오랫동안 차를 타고 무사히 여기에 도착했다.

② A : How long did you drive a car? 얼마동안 운전했나요?
B : About 8 hours. 약 8시간 동안이요.
A : After all, you arrived here in safety after a long ride.
결국에는, 장시간 운전하고 여기에 무사히 도착했군요.

③ I could arrived here after a long ride.
오랫동안 운전 한 후에야 여기에 도착 할 수 있었다.

(2) Why is that?

무슨 이유지?, 왜 그래?, 왜?

「Why?」 또는 「How come?」 이라고 해도 좋지만 좀 더 재치 있는 표현으로
「Why is that?」 혹은 「Why is it?」이라는 표현을 쓴다.

대화

① A : She is absent from school today. 그녀는 오늘 결석했어요?
B : Why is that? 왜?

② A : He is in the hospital now. 그는 병원에 입원했어.
B : Why is that? 왜?

③ A : My car broke down. 내 차가 고장났어.
B : Why is that? 왜?

(3) This is one's first time in ~.

~는 초행길이다.

예문

① This is my first time in New York. 뉴욕은 초행길이다.

② This is her first time in Korea. 그녀는 한국은 초행길이다.

③ Is this your first time in Seoul? 서울이 초행길이신가요?

(4) S + take a look around.

S는 주위를 둘러보다

예문

① May I take a look around your house?
당신의 집 구경해도 될까요?

② I want to take a look around the park.
난 그 공원을 구경하고 싶어요.

③ Will you take a look around my church?
나의 교회를 둘러보시겠어요?

(5) It'a rather steep.

너무 비싸다.

대화

① A : How is it in the back? 뒷좌석은 얼마죠?
B : 500 dollars. 500불입니다.
A : It's rather steep. 너무 비쌉니다.

② A : How much per night? 하룻밤 묵는 데 요금이 얼마죠?
B : 250 dollars. 250불입니다.
A : It's rather steep. 너무 비쌉니다.

③ A : How much is haulage? 수송비는 얼마입니까?
B : 700 dollars. 700불입니다.
A : It's rather steep. 너무 비싼데요.

(6) You have a good buy.

물건 잘 사시는 겁니다.

상품을 구매할 때 좋은 상품을 저렴한 가격에 구매한다는 표현이다.

대화

① A : How much is this handbag? 이 가방은 얼마죠?
B : 250 dollars. 250불입니다.
A : It's rather steep. 너무 비싼데요.
B : You have a good buy. 그 가격에 물건 잘 사시는 거예요.

② A : I want to purchase the dog. How much? 저 개를 사고 싶어요. 얼마죠?
B : 500 dollars. 500불입니다.
A : It's too expensive. 너무 비싸다.
B : You have a good buy. 그 가격에 잘 사시는 겁니다.

③ A : Let's go shopping, my darling. 여보, 쇼핑 갑시다.
B : Okay, I'd like to. 좋아요, 그렇게 합시다.
A : Will you buy me the handbag? 저 가방을 사주실래요?
B : If you want, I'll buy you it. 원한다면 사줄게요.
A : How much is this handbag? 이 가방 얼마죠?
C : 5,000 dollars. 5000불입니다.
A : Oh, it's rather steep. Will you cut down a little?
오, 너무 비싸요. 좀 더 깎아 주시겠어요?
C : You have a good buy. 그 가격이면 잘 사시는 겁니다.

(7) come down a little

값을 좀 깎다.

예문

① Will you come down a little?
가격을 좀 깎아주시겠어요?

② Can you come down a little?
값을 좀 깎아 주시겠어요?

③ I'm sorry, but I cannot come down a little because the price is reasonable.
죄송합니다만, 그 가격은 정당한 가격이기 때문에 가격을 깎아드릴 수 없습니다.

chapter 19

It's beyond my dream.

꿈에도 생각지 못했다.

❶ A Where are we now?

❷ B We're hitting it right on the nose. Just wait.
(1)

❸ A What do you say? Let's stop for a smoke.
(2)

❹ B That's what I was going to say.

❺ A Well, then …….

❻ B Ah, I'm going to get John into trouble.
(6)

❼ A You can speak to him gently. Anyway, what's wrong with him?

❽ B There you go again.

❾ A You don't have to take your spite out on him.
(4)

❿ B But I've made up my mind already. Keep it confidential.
(5)

---

❶ A 여기가 어디지?
❷ B 우리는 목적지에 도착하고 있어. 목적지는 바로 코앞이야. 잠깐.
❸ A 어때? 담배 한 대 피우고 가자.
❹ B 그건 내가 하려고 했던 말이야.
❺ A 아이고, 죽겠다 …….
❻ B 아, 난 존에게 골탕을 좀 먹여야 되겠어.
❼ A 좋은 말로 할 수 있잖아. 아무튼, 그 사람이 뭘 잘못했는데?
❽ B 또 그런 말을 하는구먼.
❾ A 넌 그에게 화풀이 할 필요도 없어.
❿ B 나는 이미 결심했어. 비밀이야.

⑪ A What if he takes the first move?
(10) (7)

⑫ B Tell him to go ahead.

⑬ A Don't tell like that, Man.

⑭ B I don't want to hurt anybody, but he's fond of spilling the beans.
(12)

⑮ A Is that true? I can hardly believe it.

⑯ B I really mean it. What's more, he goes around speaking ill of me, you know.
(9) (10)

⑰ A Well, it's beyond my dream.
(11)

⑱ B Let's leave it that way. Are you ready? Let's climb up there.
(12)

⑲ A Oh, scared the pinto beans out of me!
(13)

⑳ B Are you all right? Watch your step.

---

⑪ A 만약 그가 선수를 치면?
⑫ B 할 테면 하라고 하지.
⑬ A 그런 식으로 말하지 마, 이 사람아.
⑭ B 난 누구든지 헤치고 싶지 않아, 그런데 그 사람은 비밀 누설을 좋아해.
⑮ A 사실인가? 믿기 어려운데.
⑯ B 정말이야. 게다가, 나를 욕하면서 돌아다닌단 말이야.
⑰ A 꿈에도 생각 못했네.
⑱ B 그만 해두자. 준비 됐나? 올라가야지.
⑲ A 오, 까딱하면 죽을 뻔 했다!
⑳ B 괜찮아? 조심해.

Notes on Conversation

(1) S + hit it right on the nose.

S는 목적지에 거의 다 왔다.

예문

① We're hitting right on the nose.
목적지기가 바로 코앞이다.

② A : Where are we? 여기가 어디지?
B : It's not far off. we're hitting right on the nose.
얼마 안 남았어. 바로 코앞이야.

③ A : I cannot walk any more. 난 더 이상은 못 걷겠다.
I have an ache in my leg from walking too much.
너무 많이 걸어서 다리가 아프다.
B : Let's slow down a bit. we're hitting right on the nose.
속도를 좀 줄이자. 이제 거의 다 왔어.

(2) S + stop for a smoke.

s는 담배를 피우기 위해 멈추다.

예문

① Let's stop for a smoke.
담배 한 대 피우고 갑시다.

② We'd like to stop for a smoke.
우린 담배 한 대 피우고 갔으면 합니다.

③ How about stopping for a smoking?
담배 한 대 피우고 가는 게 어때요?

(3) S + get someone into trouble.

S는 ~에게 골탕 먹이다, 곤경에 빠뜨리다

예문

① Are you trying to get me into trouble?
당신 나를 곤경에 처하게 할 겁니까?

② I'll get him into trouble for anything.
어떤 일이 있더라도 난 그를 골탕 먹일 거야.

③ Please don't get me into trouble.
제발 나를 곤경에 처하게 하지 마세요.

(4) S + take one's spite out on someone.

S는 ~에게 화풀이 하다, 분풀이 하다.

예문

① You mustn't take your spite out on her.
너 그녀에게 화풀이 하면 안 돼.

② She is trying to take her spite out on me.
그녀가 나에게 분풀이 하려고 한다.

③ I will take my spite out on him for anything.
난 어떤 일이 있더라도 그에게 분풀이 할 거야.

(5) S + make up one's mind.

S는 결심하다.
S + make up one's mind to + V. S는 V하기로 결심하다.

예문

① I made up my mind to marry her already.
난 그녀와 결혼하기로 이미 마음먹었다.

② You should make up your mind to study harder.
넌 더욱 더 열심히 공부할 것을 결심해야 한다.

③ I made up my mind to go backpacking.
난 배낭여행 갈 것을 결심했다.
▶ backpacking : 배낭여행

(6) what if…?

…면 어쩌지[…라면 어떻게 될까]?

예문

① What if the train is late?
기차가 연착하면 어쩌지?

② What if he takes distance for his house.
그가 집을 멀리 떠나면 어떻게 하나?

③ What if he doesn't study harder?
그가 더 열심히 공부 안 하면 어쩌지?

(7) S + take the fist move.

S는 선수 치다. = make the first move.

예문

① Are you trying to take the first move?
너 선수 치려고 그러니?

② I will take the first move.
내가 먼저 선수 치겠다.

③ He made me look like a fool. I will take the first move this time.
그 사람 때문에 망신만 당했다. 이번에는 내가 선수를 치겠다.
▶ S + make someone look like a fool : S 때문에 ~가 망신당하다.

(8) S + be fond of + N, ~ing.

S는 N, ~ing를 좋아하다.

예문

① I'm very much fond of candy.
난 사탕을 아주 좋아한다.

② He is fond of wanderings.
그는 방랑을 좋아하다.

③ I'm fond of you.
난 당신을 좋아한다.

(9) What's more,

~ 게다가.

예문

① What's more, you can do it very well.
게다가 넌 그 일을 잘 할 수 있어.

② What's more, the transport system is very convenient.
게다가, 교통도 아주 편리합니다.

③ What's more, he's good with his hands. 게다가 그는 손재주도 좋다.
▶ S + be good with one's hands. : S는 손재주가 좋다.

(10) S + go around + ~ing.

S는 ~ing하면서 돌아다니다.

예문

① She has a tendency to go around drinking.
그녀는 술 마시면서 돌아다니는 경향이 있다.

② He know that you go around making his complaint against a person.
그는 사람들에게 시비 걸면서 돌아다닌다.
▶ make one's complaint : 시비 걸다.

③ Don't go around far into the night.
밤늦게까지 돌아다니지 마라.

(11) It's beyond my dream.

꿈에도 생각 못했다.

대화

① A : This restaurant has poor sanitation. 이 식당은 위생상태가 불량하다.
B : It's beyond my dream. 꿈에도 생각 못했어요.

② A : She has a very poor attitude. 그녀는 태도가 매우 불량하다.
B : It's beyond my dream. 꿈에도 생각 못했어요.

③ A : He does poorly at school. 그는 학교 성적이 안 좋다.
B : It's beyond my dream. 꿈에도 생각 못했어요.

(12) Let's leave it that way.

그만 해두자. 그만 하자.

대화

① A : What did you quarrel about? 무슨 일로 다투셨어요?
B : We are always arguing over money. 우린 항상 돈 문제로 다투어요.
C : Let's leave it that way. 그만 해둡시다.

② A : They hold a controversy with each other about that.
그들은 그것에 관해 논쟁한다.
B ; Let's leave it that way now. 이제 그만둡시다.

③ A : I can't climb the mountain because of my leg.
다리 때문에 등산을 못하겠어요.
B : Where do you have pain? 어디가 아프세요?
A : I am so tired I could die, let's leave it that way.
몹시 힘이 드니 그만합시다.

(13) Scared the pinto beans out of me!

하마터면 죽을 뻔했다.

예문

① I almost had a traffic accident. Scare the pinto beans out of me.
교통사고 날 뻔했다. 죽을 뻔했어요.

② A : Watch your step!
조심해서 걸어요!
B : Scared the pinto beans out of me!
하마터면 죽을 뻔 했다!

③ A : I fell on the escalator yesterday. 난 에스컬레이터에서 넘어졌다.
B : Do you really mean it? 정말이에요?
A : Scared the pinto beans out of me!
하마터면 죽을 뻔 했어요!

chapter 20

Winter sports.

겨울 스포츠.

❶ A I think winter is a lot of fun.
(1)

❷ B Well, I don't know about that.

❸ A Why?

❹ B I don't like winter and everything connected with it.

❺ A You mean you're not fond of winter sports?

❻ B Frankly, no.

❼ A But skating is one of the social responsibilities.
(2)

❽ B You're right about that, but it's beyond me.

❾ A Anyway, if you're not doing anything tomorrow, let's go skating.
(3)

---

❶ A 난 겨울이 참 재미있는 것 같아.
❷ B 글쎄, 난 모르겠어.
❸ A 왜?
❹ B 난 겨울도 싫고 겨울과 관계되는 모든 것도 싫어.
❺ A 그럼 넌 겨울 스포츠를 좋아하지 않는단 말이지?
❻ B 솔직히 말해서, 그래.
❼ A 근데 스케이팅은 사교 상 꼭 해야 할 것 중의 하나야.
❽ B 맞아, 하지만 나와는 거리가 멀어.
❾ A 아무튼, 내일 할 일이 없으면, 스케이팅이나 가자.

⑩ B　Sounds interesting, but I'm afraid I can't make it.

⑪ A　Oh, come on! You'd better join me in that tomorrow.

⑫ B　You know, when winter comes I feel like going into hibernation. (4)

⑬ A　Don't talk like a child.

⑭ B　But I' ll just go on shivering, you know.

⑮ A　And you'll hope for (5) an early spring?

⑯ B　That's right. But I'll come along to be sociable.

⑰ A　Well, at last.

⑱ B　I'll be waiting for you tomorrow morning.

---

⑩ B　참 재미있을 것 같은데 난 안 가겠어.
⑪ A　아이 참! 내일 나와 함께 하자.
⑫ B　저 말이야, 겨울이 되면 난 동면하고 싶은 심정이야.
⑬ A　어린애 같은 소리 하지 마.
⑭ B　그런데 추워서 난 계속 떨고만 있을 건데.
⑮ A　그럼 넌 봄이 빨리 오기만을 기다리니?
⑯ B　그럼. 근데 한몫 끼기 위해서 갈게.
⑰ A　아휴, 마침내.
⑱ B　내일 아침에 기다릴게.

Notes on Conversation

(1) S + be a lot of fun.

S는 엄청 재미있다.

예문

① Summer is a lot of fun.
여름은 재미있는 계절이야.

② Playing baseball is a lot of fun.
야구는 참 재미있어.

③ Listening to the music is a lot of fun.
음악 감상은 참 재미있어요.

(2) S + be one of the social responsibilities.

S는 사교 상 해야 할 것 중 하나이다.

예문

① Bowling is one of the social responsibilities.
볼링은 사교 상 해야 할 것 중 하나이다.

② Playing billiards are one of the social responsibilities.
당구는 사교 상 해야 할 것 중 하나이다.

③ Social dance is one of the social responsibilities.
사교춤은 사교 상 해야 할 것 중 하나이다.

(3) If you're not doing anything, ~ .

만약 할 일이 없으면 ~하자.

예문

① If you're not doing anything tomorrow, Let's go to the movies.
내일 할 일이 없으면 영화 보러 갑시다.

② If you're not doing anything, Let's play tennis.
할 일이 없으면, 테니스칩시다.

③ If you're not doing anything, let's go on a picnic.
할 일이 없으면, 산책이나 갑시다.

(4) S + go into hibernation.

S는 동면에 들어가다.

예문

① Frogs went into hibernation.
개구리는 동면에 들어갔다.

② The bear goes into hibernation during the autumn.
곰은 가을에는 동면에 들어간다.

③ Snakes goes into hibernation in winter.
뱀은 겨울에 동면에 들어간다.

(5) S + hope for + N.

S는 N을 바란다, N에 대한 희망이 있다.

예문

① I hope for an early spring.
난 봄이 오기를 기대하고 있다.

② I hope for best about the business.
난 그 일에 낙관하고 있다.

③ I think there is no hope for her.
그녀는 가망이 없는 것 같아요.

chapter 21

To pay off an old friend.

옛 친구를 해고시키기.

1 N What's wrong? You look pale.

2 O Well, this is different. I'm not at home now.
(1)

3 N Has this got anything to do with me?

4 O Well, I'll tell you bout it next Monday.

5 N How about telling me now?

6 O It isn't the time nor the place.
(2)

7 N We've know each other too long, haven't we?

8 O Well, I guess the only way is to say it. the boss has …….
(3)

9 N Oh, go on.

10 O He's been here for the past week.

---

1 N 무슨 일이야? 얼굴이 창백해 보이는데.
2 O 기분이 다른 때와는 달라. 난 지금 괴로워 .
3 N 나 때문에 그러나?
4 O 다음 월요일에 얘기해 줄게.
5 N 지금 얘기해 주는 게 어때?
6 O 때와 장소를 가려서 해야지.
7 N 우린 서로가 아주 오랫동안 알고 지내온 사이잖아?
8 O 글쎄, 언제 말해도 할 걸 지금 말하지 뭐, 사장님이…….
9 N 오, 계속해.
10 O 일주일째 그 분이 여기 와 계시거든.

⑪ N So what?

⑫ O He's instructed me to pay you off.
(4) (5)

⑬ N Pay me off? Why?

⑭ O Can you take it? He can't afford you any more, you know.

⑮ N I don't deserve it.

⑯ O Your record's too bad. Things are too tough.
(6)

⑰ N I see. But the only bad thing is I shall not work for you any more.

⑱ O I tried hard, but I couldn't help it.
(7)

⑲ N By the way, will you keep this under wraps for a while?
(8)

⑳ O Of course.

---

⑪ N 그래서 어쨌다는 건데?
⑫ O 사장님이 날더러 널 해고시키라고 지시하셨어.
⑬ N 날 해고시키라고? 왜?
⑭ O 말해도 괜찮겠어? 사장님이 너보고 더 이상 참을 수 없다고 그러신단 말이야.
⑮ N 난 그럴만한 조건이 없는데 그렇게 당할만한 아무런 이유도 없는데..
⑯ O 너의 성적이 너무 나빠. 입장이 난처하게 됐군.
⑰ N 알았어. 하지만 한 가지 유감스러운 것은 내가 너를 위해 더 이상 일을 할 수 없다는 거야.
⑱ O 열심히 해봤는데 난 어쩔 수가 없었어.
⑲ N 그런데, 잠시 이 내용을 비밀로 해주겠니?
⑳ O 물론이지.

Notes on Conversation

(1) S + be not at home.

S는 기분이 안 좋다, 집에 없다.

예문

① He must be not at home now.
그는 지금 기분이 안 좋은 것 같아.

② Don't talk to me, I'm not at home now.
나에게 말 걸지 마, 지금 기분이 안 좋아.

③ She got a tongue-lashing from her boss, so she is not at home now.
그녀는 사장님으로부터 꾸중을 들었다, 그래서 지금 기분이 안 좋다.

▸ S + get a tongue-lashing from someone : S는 ~로부터 꾸중을 듣다.

(2) It isn't the time nor the place.

그럴 때와 장소가 아니다.

대화

① A : Let's talk it over a drink. 술 한 잔 하면서 대화를 나눕시다.
B : It isn't the time nor the place. 그럴만한 때와 장소가 아니다.

② A : Let's have a party in the park this evening.
오늘 저녁에 공원에서 야외 파티하자.
B : It isn't the time nor the place. 그럴만한 때와 장소가 아니다.

③ A : Let's enjoy ourselves to our heart's content tonight.
오늘 저녁 우리 마음껏 즐깁시다.
B : It isn't the time nor the place. 그럴만한 때와 장소가 아닙니다.

(3) The only way is to + V.

V를 하는 길 밖에 없다, 유일한 방법은 V밖에 없다.

예문

① The only way is to keep a secret.
비밀을 지키는 방법 밖에 없다.

② The only way is to study English harder.
영어를 더 열심히 공부할 수밖에 없다.

③ The only way is to meet her.
그녀를 만나는 방법밖에 없다.

(3-1) I guess the only way is to say it.

언제 말해도 할 걸 지금 말하지요.

대화

① A : Please tell me what it is. 그게 뭔지 말 좀 해봐요.
B : I guess the only way is to say it. 언제 말해도 할 걸 지금 말하지요.

② A : Why not tell me about that? 그것에 대해 왜 말 안 하시나요?
B : I guess the only way is to say it. 언제 말해도 할 걸 지금 말하지요.

③ A : I want to know the secret. Please tell me what it is.
난 비밀을 알고 싶어요. 제발 그게 뭔지 말 해봐요.
B : I guess the only way is to say it. 언제 말해도 할 걸 지금 말하지요.

(4) S + instructed someone to + V.

S는 ~에게 V할 것을 지시하다.

예문

① Teacher instructed me to clean this room.
선생님은 나에게 교실 청소하라고 지시하셨다.

② The boss instructed me to go to official trip tomorrow.
사장님은 나에게 내일 출장가라고 지시했다.

③ My father instructed me to study harder everyday.
나의 아버지는 나에게 매일 공부를 더욱 열심히 하라고 지시하셨다.

(5) S + pay somebody off.

S는 ~에게 급료를 주고 해고하다.

예문

① The boss paid her off.
사장님은 그녀를 해고했다.

② He paid off a junior staff.
그는 부하 직원을 해고했다.

③ The boss is trying to pay me off.
사장님은 나를 해고하려고 한다.

(6) Things are too tough.

각박한 시절이다, 입장이 난처하다.

대화

① A : He was looked down upon because he was poor.
가난하기 때문에 그는 천대 받았다.
B : Things are too tough. 각박한 시절이구먼.

▶ look down upon : 천대받다, 사람을 우습게 보다.

② A : Is anyone there? Nobody there? 거기 누구 있어요? 아무도 없어요?
B : Things are too tough. 각박한 시절이구먼.

③ I'm here because things are too tough.
입장이 난처해서 여기에 있는 거야.

(7) I couldn't help it. 나도 어쩔 수 없었다.
I can't help it. 나도 어쩔 수 없다.

대화

① A : Please solve the problem at hand. 제발 당면한 문제를 해결해주세요.
B : I can't help it. 저도 어쩔 수 없습니다.

② A : Will you lend me some money? 돈 좀 빌려주실래요?
B : I can't help it because I'm stone broke.
돈이 한 푼도 없기 때문에 저도 어쩔 수 없습니다.

③ A : Will you make time for me? 저에게 시간 좀 내 주실래요?
B : I'm sorry, but I can't help it because I'm very busy like a bee.
죄송합니다만, 제가 너무너무 바쁘기 때문에 어쩔 수 없네요.

(8) S + keep this under wraps.
S는 이것을 비밀로 해두다.

예문

① Will you keep this under wraps?
이것을 비밀로 지켜주시겠어요?

② You've got to keep this under warps for anything.
당신은 이것을 무슨 일이 있더라도 꼭 비밀로 지켜야 합니다.

③ I swear I will keep this under wraps.
이것을 비밀로 할 것을 맹세합니다.

chapter 22

Warm yourself up.

불 쬐세요.

1 C There is nothing like a nice and warm stove.
(1)

2 K Warm enough?

3 C It's quite warm.

4 K Shall I put in more oil?

5 C It might be a good idea.
(2)

6 K Are you waiting for anybody tonight?

7 C No, nobody in particular.

8 K Mr. Charlie might drop in for a visit.
(3)

9 C He's always cold, isn' t he?

10 K Here, move over.
(4)

---

1 C 따뜻한 난로가 최고예요.
2 K 따뜻하세요?
3 C 아주 따뜻합니다.
4 K 기름을 더 넣을까요?
5 C 그것도 좋을 것 같네요.
6 K 오늘 밤 누구를 기다립니까?
7 C 아니오, 특별히 올 사람은 없습니다.
8 K 찰리 씨가 방문차 들릴지 모르겠어요.
9 C 그는 항상 추위를 많이 타죠?
10 K 좀 비켜 앉아 주세요.

⑪ C Watch out!

⑫ K There, that's done!
(5)

⑬ C Listen! someone's at the door.
(6)

⑭ K It must be Mr. Charlie.

⑮ C Answer the door, Ken.

⑯ K Sure.

⑰ C Good evening, Ken.

⑱ K Good evening, Mr. Charlie. Come right in.

⑲ C Say! It's freezing cold!
(7)

⑳ K Warm yourself up.
(8)

---

⑪ C 조심하세요!
⑫ K 이제 다 됐어요!
⑬ C 이봐요! 누가 문 밖에 왔어요.
⑭ K 아마 찰리일 겁니다.
⑮ C 문 좀 열어주시죠, 켄.
⑯ K 네.
⑰ C 안녕하세요, 켄.
⑱ K 안녕하세요, 찰리씨. 어서 들어오세요.
⑲ C 야! 너무 추워요!
⑳ K 불 쬐세요.

Notes on Conversation

(1) There is nothing like + N, ~ing.

N, ~ing가 최고다, N, ~ing에 필적할[견줄 만한] 것이 없다.

예문

① There is nothing like taking a nap in the middle of day.
한 낮에 낮잠 자는 것이 제일이야.

② There is nothing like this dictionary for studying.
공부하는 데는 이 사전이 최고다.

③ There is nothing like skating in the winter.
겨울철에는 스케이팅이 최고다.

(2) It might be a good idea.

그것도 좋은 생각이다, 그럴듯한 생각이다.

대화

① A : How about going to the movies wite me after work?
퇴근 후 저와 함께 영화 구경하시는 게 어떤가요?
B : It might be a good idea. 그것도 좋은 생각입니다.

② A : Isn' t there anything interesting to do? 무료한데 뭐 재미있는 것 없을까요?
B : I want to play something interesting, too. 저도 재미있는 것을 하고 싶어요.
A : How about playing tennis? 테니스 어떤가요?
B : It might be a good idea. 그것도 좋은 생각입니다.

③ A : In my opinion, she seems to like you.
내가 보기에는 그녀가 너를 좋아하는 것 같아.
B : It seems so. 그런 것 같아.
A : How about asking out her on a date.
그녀에게 데이트를 신청해보는 게 어때?
B : It might be a good idea. 그것도 좋은 생각입니다.

(3) S + drop in for ~.

S는 ~을 위해 잠시 들르다.

예문

① I dropped in for you. 너를 위해 잠시 들렀다.

② She must be dropped in for a chat. 그녀는 수다 떨려고 잠시 들른 것 같아.

③ I just dropped in for a visit. 인사차 잠시 들렀어요.

(4) move over

좀 비켜 주다, 좀 다가앉다, 몸을 움직이다. (다른 사람에게 공간을 만들어 주기 위해)

예문

① Move over there. 저리 좀 비켜주세요.

② Can I move over there? 저쪽으로 옮길 수 있을까요?

③ Could you move over a little, please? 자리를 옆으로 좀 옮겨 주시겠어요?

(5) There, that's done.

이제 다 했다.

대화

① A : I must complete five written assignments. I am so tired I could die.
나는 다섯 건의 필기 과제물을 작성하여야 한다. 힘들어 죽겠어.
B : What's so hard about that? 그게 뭐가 힘들다고 그래요?
A : Oh, there, that's done now! 이제야 끝났네!

② A : I did overtime work at night 난 밤샘 작업을 했다.
B : You got into hot water. 고생 많이 했어.
A : Oh, there, that's done now! 이제야 끝났네!
▶ get into hot water : 고생하다, 곤경에 빠지다

③ A : I will help you to complete this assignment. 이 숙제를 끝낼 수 있도록 도와줄게.
B : Thanks a lot. 고마워.
A : There, that's done now, thanks to your help. 네 덕분에 이제야 끝냈어.

(6) Some is at the door.

문밖에 누가 왔어요.

예문

① Someone's at the door. Answer the door.
문밖에 누가 왔어요. 문 열어줘요.

② Someone is knocking at the door. Answer the door.
누군가 문을 두드리고 있네. 문 열러줘라.

③ Is there someone at the door? 문 앞에 누구신가요?

(7) It' s freezing cold.

너무 춥다, 꽁꽁 얼 정도로 춥다, 추위가 아주 매섭다.

대화

① A : It's freezing cold. 너무 추워요.
B : Come right in. 어서 들어오세요.

② A : It's freezing cold. 너무 추워요.
B : Warm yourself up. 불 쬐세요.

③ A : It's freezing cold. 추위가 매섭군요.
B : Come right in and get warm by the stove.
어서 들어오셔서 난로 옆에서 몸을 녹이세요.
A : Thank you, nice and warm. 고마워요, 따뜻해서 좋다.

(8) Warm yourself up.

몸을 따뜻하게 하다, 불을 쬐다.

예문

① You've got to warm yourself up.
몸을 따뜻하게 해야 돼요.

② A : Would you care for a cup of coffee? 커피 한 잔 하실래요?
B : Thank you, I must warm myself up. 감사합니다, 몸을 데워야 되겠네요.

③ Warm yourself up because it's too cold outside.
밖이 너무 추우니까 몸 좀 녹이세요.

chapter 23

Let's be international.

무대를 국제화합시다.

❶ D I've got something to tell you, Son. (1)

❷ S I know what it might be, Dad. (2)

❸ D I want to make a point. Sit down for a minute. (3)

❹ S To make a long story short, we've got to be international. (4)

❺ D I'll join you in that, but it's beyond my means. (5)

❻ S Well, I wish I could bring you to see my point. (6)

❼ D Don't look on the bright side of things, Son. (7)

❽ S To be national is out of date. (8)

❾ D I know, but …….

❿ S Anyway, all I have to do is to go to America.

---

❶ D 아들아, 너에게 할 말이 있다.
❷ S 무슨 말씀인지 다 알고 있어요, 아빠.
❸ D 요점만 간단히 말하겠다, 잠깐 앉아봐라.
❹ S 간단히 말씀드리면, 우린 해외로 진출해야 합니다.
❺ D 그런 점에는 동의하지만, 그건 우리하고는 거리가 멀어.
❻ S 아빠가 저의 마음을 알아주셨으면 얼마나 좋겠어요.
❼ D 아들아, 모든 일을 그렇게 낙관하지 마라.
❽ S 해외 진출은 시대에 뒤떨어진 겁니다.
❾ D 나도 알고 있지만 …….
❿ S 아무튼 저는 미국만 가면 됩니다.

⑪ D Listen! You have to go with the crowd. (9)

⑫ S But we can't accept the way things are now. (10)

⑬ D You're right, but …….

⑭ S I'm ready to go through fire and water, Dad. (11)

⑮ D Are you sure about that?

⑯ S Oh, you're crying now, Dad.

⑰ D I'm an apology for a father. I'm sorry, Son.

⑱ S Oh, no. Please don't worry about me, Dad.
I can take care of myself.

---

⑪ D 이봐! 세상을 내려다보고 살 줄 알아야 한단다.
⑫ S 그렇지만 우리 인간은 현실에 만족할 수 없어요.
⑬ D 그렇기도 하지만 …….
⑭ S 저는 물불을 가리지 않고 무엇이든지 할 준비가 되어 있어요, 아빠.
⑮ D 그게 정말이야?
⑯ S 오, 아빠, 지금 울고 계시네요.
⑰ D 난 아빠 구실을 못하고 있구나, 아들아, 미안하다.
⑱ S 오, 아니에요. 제 걱정은 하지 마세요, 아빠. 저도 제 자신 만큼은 돌볼 수 있어요.

Notes on Conversation

(1) S + have got something to + V.
난 V를 할 것이 있다.

예문

① I've got something to ask you. 물어볼 말이 있다.

② He has got something to deal with a matter.
그는 처리해야 할 사건이 있다.
▶ deal with a matter : 사건을 처리하다

③ I've got something to do. 나는 할 일이 있다.

(2) I know what it might be.
난 무슨 말인지 다 알고 있다.

대화

① A : I've got something to tell you now. 지금 당신께 할 말이 있어요.
B : I know what it might be. 무슨 말씀인지 다 알아요.

② A : Listen to me carefully and I just want to remind you of this.
내 말 잘 들어요 그리고 한 가지 상기시켜주고 싶은 것이 있어요.
B : I know what it might be. 무슨 말씀인지 다 알아요.

③ A : I've got to something to tell you behind his back.
그가 없을 때 당신에게 할 말이 있어요.
B : I know what it might be. 무슨 말씀인지 다 알아요.

(3) for a minute
잠시 동안, 잠깐 동안

「잠깐 동안」이라는 여러 가지 표현을 살펴보자.

① for a little while ② for a shot time
③ for a little ④ for a moment
⑤ for a while

(4) To make a long story short

요점만 간단히 말하다

예문

① To make a long story short, everything worked very well.
요약해서 말하면, 모든 일이 너무 잘 됐습니다.

② To make a long story short, as I'm on duty, I can't go out.
요점만 간단히 말하면, 난 당번이기 때문에 외출할 수 없다.

③ To make a long story short, he entered into details.
요점만 간단히 말하자면, 그는 상세하게 논평했다.

「간단히 말하자면」의 영어 표현들을 살펴보자.

① to make a long story short
② in short
③ in brief
④ to put it simply
⑤ to put it briefly
⑥ in a nutshell
⑦ in fine

(5) S + beyond one's means

분수에 넘치는; 사람이 자기 형편 이상으로, 수입을 초과해서

대화

① I want to buy it, but the trouble is that it's beyond my means.
난 그걸 사고 싶은데, 곤란한 점은 내 분수에 안 맞아.

② A : How about playing golf? 골프하는 게 어때?
B : It's beyond my means. 내 분수에 넘치지.

③ A : Will you join the fitness club? 당신 헬스클럽에 등록할 거야?
B : It's beyond my means. 그건 내 분수에 넘치지.

(6) bring A to see one's point.

A가 ~의 마음을 알아주다.

예문

① Please bring you to see my point. 제발 내 마음 좀 알아주세요.

② You'd better bring you to see her point. 그녀의 마음을 알아주도록 하시오.

③ I wish I could bring her to see my point.
그녀가 내 마음을 알아주었으면 얼마나 좋을까.

(7) S + look on the bright side of things.

S는 낙관하다, 사물의 밝은 면을 보다.

예문

① Listen! you don't have to look on the bright side of things.
이봐! 낙관할 필요는 없어.

② You mustn't look on the bright side of things. 넌 낙관해서는 안 돼.

③ Try to look on the bright side of things. 상황을 좋은 쪽으로 보도록 노력하시오.

(8) S + be out of date.

S는 시대에 뒤떨어지다.

예문

① This watch is out of date. 이 시계는 시대에 뒤떨어진다.

② My skirt is out of date. 나의 치마는 유행에 뒤떨어진다.

③ This electric fan is out of date. 이 선풍기는 구식이다.

《참고》 ~은 대 유행이다.
① S + be all the go.
② S + be in vogue.

① This hair style is all the go. 이 헤어스타일이 대유행이다.

② This cap is in vogue. 이 모자가 대유행이다.

(9) S + go with the crowd.

S는 대중을 따르다, 대세를 좇다, 세상을 내려다보고 살다.

예문

① You need to go with the crowd. 넌 세상을 내려다보고 살 필요가 있어.

② He needs to go with the crowd because he has a haughty bearing.
그는 태도가 거만하기 때문에 대중을 따를 필요가 있다.
▶ S + have a haughty bearing. S는 태도가 거만하다.

③ Are you ready to go with the crowd in your life?
너의 생활에서 대중을 따를 준비가 되어있나?

(10) We can't accept the way thins are now.

우린 현실에 만족할 수 없다.

대화

① A : You'd better live in a modest way. 넌 겸손하게 살도록 해라.
B : We can't accept the way thins are now. 우린 인간은 현실에 만족할 수 없다.

② A : You need to learn to be satisfied with your life.
네 생활 속에서 만족함을 배울 필요가 있다.
B : I can't accept the way thins are now. 난 현실에 만족할 수 없다.

③ To make a long story short, we want some more money.
간단히 요점만 말하면, 난 더 많은 돈이 필요하다.
I can't accept the way thins are now. 난 현실에 만족할 수 없다.

(11) S + go through fire and water.

S는 물불을 가리지 않는다, 온갖 위험을 무릅쓴다.

예문

① I'm ready to go through fire and water for my son.
난 내 아들을 위해서는 물불을 가리지 않을 준비가 되어있다.

② The brave man goes through fire and water.
그 용감한 사람은 온갖 위험을 무릅쓴다.

③ Koran soldiers go through fire and water for our country.
한국 군인들은 국가를 위해서는 온갖 위험을 무릅쓴다.

chapter 24

To study for exam.

시험공부 하기.

1 R I have two exams tomorrow.

2 K Are you ready for them?

3 R No, not yet. How about you? Maybe you're all set for them.
(1)

4 K Same here. Well, it's a hard climb ahead!
(2)

5 R By the way, let's get down to study, Ken.
(3)

6 K That's just what I want. But wait it second.

7 R What are you doing there?

8 K There, that's done! How do you like it?

9 R Let's see. "No visitors, please. We're hard at work."

10 K Do you think it's all right?

---

1 R 내 일 두 과목 시험이 있어.
2 K 시험공부 다 됐어?
3 R 아니 아직. 넌? 아마 넌 만반의 준비를 다 했을 거야.
4 K 나도 다 했어. 아이고, 따분하다!
5 R 그런데, 본격적으로 공부 시작하자, 켄.
6 K 그게 바로 내가 원한 거야. 근데 잠깐.
7 R 거기서 뭐해?
8 K 이제 끝났어! 이거 어때?
9 R 어디 보자. "면회 사절. 우린 열심히 공부하고 있음."
10 K 괜찮아?

⑪ R Well, how unusual!

⑫ K Now, let's not say a word for the next hour.
Do you understand?

⑬ R What if I do?

⑭ K You'll have to take my place in exams tomorrow.

⑮ R Okay, I'm all for it. Here goes!
(4) (5)

– A few minutes later –

⑯ K Listen! Did you hear the footsteps? That must've been mother.
She read the sign and went away. It worked.

⑰ R Yes, it really did. And thank you for taking my place in exams tomorrow.

⑱ K Oh, it's very dumb of me!
(6)

⑲ R But don't worry. I'm going to put you to any trouble because I'm sure you
won't have good exams.

---

⑪ R 야, 멋있다!
⑫ K 자, 이제 앞으로 1시간 동안 말 한 마디 하지 말자. 이해하겠어?
⑬ R 내가 입을 열면 어떻게 하지?
⑭ K 네가 내일 내대신 대리시험 봐주면 되지.
⑮ R 좋아, 대찬성이다. 시작!

– 몇 분 후 –

⑯ K 이봐! 너 발자국 소리 들었어? 엄마인 것 같아.
엄마가 그 표를 읽고 가셨어. 효력을 발생했군.
⑰ R 응 그랬어. 그리고 내일 대리시험에 대하여 고마워.
⑱ K 내 꾀에 내가 넘어갔군!
⑲ R 하지만 걱정 마. 너에게 어떤 피해도 안 끼칠게, 왜냐하면 네가 시험을 잘 보지 못할 것으로 나는 확신하니까.

Notes on Conversation

(1) S + be all set for + N.

S는 N에 대한 만반의 준비가 되어 있다.

예문

① She is all set for house-moving. 그녀는 이사에 대한 만반의 준비가 되어있다.

② I'm all set for the game participation. 나는 경기출전에 대한 만반의 준비가 되어있다.

③ He must be all set for the audition. 그는 오디션에 대한 만반의 준비가 되어있을 거야.

(2) It's a hard climb ahead! 따분하다!

It's a hard climb ahead to + V. V할 일이 따분하다.

예문

① It's a hard climb ahead to study math all day long.
온 종일 수학공부 하니까 따분하다.

② It's a hard climb ahead to have a dialog with her.
그녀와 대화하는 건 따분하다.

③ It's a hard climb ahead to be in an office all day long.
하루 종일 사무실에 있으니 따분하다.

(3) S + get down to + N, ~ing.

S는 N, ~ing를 본격적으로 착수하다, ~을 시작하다

예문

① I'm in a position to get down to my business.
난 일에 본격적으로 착수해야 할 처지에 놓여있다.

② You need to get down to the grass roots on this accident.
당신은 이 사건의 진실을 알아내는데 본격적으로 착수할 필요가 있다.
▶ grass roots on this accident : 이 사건의 진실

③ I've got to get down to swimming.
난 수영을 본격적으로 시작해야 한다.

(4) I'm all for it.

난 대찬성이다.

예문

① I'm all for your thought.
난 당신의 생각에 대 찬성이다.

② I'm all for her plan.
난 그녀의 계획에 대 찬성이다.

③ I'm all for your proposal.
난 당신의 제안에 대찬성이다.

(5) Here goes.

자 시작합니다. (신나거나 위험한 일 등을 막 시작하려 할 때 하는 말이다.)

예문

① A : Let's take a picture. 사진 찍읍시다.
B : Smile together. Here goes. 다 같이 웃어요. 자 이제 찍어요.

② Here it goes! Don't miss the ball! 자 간다! 공을 놓치지 마라!

③ Here it goes! 자 시작!

(6) It's very dumb of me!

내 꾀에 내가 속았다!

예문

「dumb」은 형용사로서 「말을 못하는, 벙어리의」 등의 뜻이 있다. 여기에서 「dumb」에 대한 간단한 표현들을 살펴보자.

① dumb animal : 말 못하는 짐승
② the deaf and dumb : 농아자

《참고》
① The audience remained dumb. 청중은 잠자코 있었다.

② The English are a dumb people. 영국인들은 과묵한 국민이다.

③ She was born deaf and dumb. 그녀는 날 때부터 농아였다.

chapter 25

The baseball game.

야구 경기.

❶ J You look gay, Sam. What's the matter with you?

❷ S My dad gave me two baseball tickets. Do you want to go with me?

❸ J Is there a good game on?

❹ S Oh, yes. that's why I invited you to do, John.

❺ J Who's playing who?
(1)

❻ S The game is between the Dodgers and the Yankees.

❼ J Sounds excited. When shall we leave?

❽ S How about seven?

❾ J It's already six-thirty now.

❿ S Well, then, let's be off now.

---

❶ J 샘, 아주 즐거워 보이는데. 무슨 일 있어?
❷ S 아빠가 야구 경기 티켓 2장을 주셨어. 나랑 갈래?
❸ J 좋은 경기가 있어?
❹ S 그럼. 존, 그래서 내가 너를 초대했잖아.
❺ J 어디하고 어딘데?
❻ S 다저스하고 양키의 경기야.
❼ J 신나겠다. 언제 갈까?
❽ S 7시 어때?
❾ J 지금이 6시 30분인걸.
❿ S 그럼 지금 가자.

⑪ J What about the tickets?

⑫ S I've got them right here in my pocket.

⑬ J The game is now about to get under way.
(2)

⑭ S Both the Dodgers and the Giants seem to be in fine shape.

⑮ J Which team do you root for?
(3)

⑯ S I root for the Dodgers. How about you?

⑰ J Me too. What's the score?

⑱ S One to one. It's tied-up.

⑲ J You know, Sam, when our team comes out the victors, my eyes are moist.
(4)

⑳ S I don't blame you. The members of the team also weep with joy.

---

⑪ J 티켓 어떻게 했어?
⑫ S 바로 여기 내 주머니 안에 있어.
⑬ J 경기가 막 시작하려고 한다.
⑭ S 다저스하고 양키는 이제 구체화된 것 같아.
⑮ J 넌 어느 팀을 응원하니?
⑯ S 다저스야. 넌?
⑰ J 나도 그래. 스코어가 어떻게 됐어?
⑱ S 1:1. 동점이야.
⑲ J 저 말이야, 샘, 우리 팀이 승리자가 되면 눈시울이 뜨거워진다.
⑳ S 당연하지. 그 팀 선수들은 기쁨의 눈물을 흘릴 거야.

Notes on Conversation

(1) Who's playing who?

어디랑 어디의 시합이야?
(경기에서 어디와 어디가 서로 맞서서 경기를 하는지를 묻는 표현이다.)

대화

① A : Let's watch the soccer game. 축구 경기를 보러가자.
B : Who's playing who? 어디랑 어디 시합이야?

② A : How many men are there on a volleyball team?
배구선수는 몇 사람이니?
B : Do you like volleyball game? Six. 배구 경기를 좋아하니? 6명이야.
A : How about watching volleyball game with me? 나랑 배구 경기를 볼래?
B : Who's playing who? 어디랑 어디 시합이야?

③ A : I'm very much fond of tennis match. 난 테니스 게임을 좋아해.
B : Same here. 나도 그래.
A : Okay. Let's go to watch the tennis match. 좋아 그럼 경기 보러가자.
B : Who's playing who? 어디랑 어디 시합이야?

(2) S + get under way.

S는 착수하다, 시작하다.

예문

① The game is going to get under way now.
게임이 지금 시작하려 한다.

② English speaking contest will be got under way a few minutes later.
영어 말하기 대회가 몇 분 후에 시작될 것이다.

③ The employment exam gets under way at 09:00.
입사 시험이 9시에 시작합니다.

(3) S + root for ~.

S는 ~를 응원하다, 성원하다

예문

① Who should we root for now?
우리는 지금 누구를 응원해야 하나요?

② I'll root for the Korea soccer team.
나는 한국 축구팀을 응원할 겁니다.

③ Which team do you root for?
당신은 어떤 팀을 응원하나요?

(4) S + come out the victors.

S는 승리자로 판명하다.

예문

① The team came out the victors.
그 팀은 승리자로 판명됐다.

② You came out the victor.
당신은 승리자로 판명됐어요.

③ He must be came out the victor.
그가 승리자로 판명될 거야.

chapter 26

Appearances are deceptive.

열길 물속은 알아도 한 길 사람의 마음은 모른다.

❶ Brother I wonder what's keeping her. (1)

❷ Mother Well, I'm upset now. (2)

❸ B Oh, here you are. Where have you been?

❹ Sister I'm sorry to be late.

❺ B What makes you so late every night?

❻ S You know how it is when you have a date? (3)

❼ B No, I don't know it is.

❽ S I can take care of myself now.

❾ B Of course your business is your own, but …(4)

❿ S That's why I don' t want you to get in my way. (5)

---

❶ Brother 왜 걔가 안 올까?
❷ Mother 글쎄, 마음이 안 놓인다. 걱정이 되는 구나.
❸ B 아, 이제 오니? 어디 갔다 왔어?
❹ Sister 늦어서 미안해, 오빠.
❺ B 너 왜 매일 밤늦게 오니?
❻ S 데이트하다 보면 그럴 수도 있지 뭐.
❼ B 아무리 그렇고 해도 그럴 수 있어?
❽ S 나도 이젠 다 컸다고.
❾ B 물론 네가 뭘 하든 네 자유지만….
❿ S 그러니까 내 일에 방해하지 마.

⑪ B Shut up! Cone to your senses.

⑫ M Take my word for it. Mary.
(6)

⑬ B Oh, look! What's the matter with your fit?

⑭ M I hit somebody in a fit of anger.
(7)

⑮ S Oh, dear!

⑯ B He went back on me, you know.
(8)

⑰ S Well, appearance are deceptive.

⑱ B Now, I was through with him.

⑲ S Aren't you going to take revenge on him?
(9)

⑳ B No, I don't have to.

---

⑪ B 닥쳐! 속 좀 차려라.
⑫ M 내 말 귀담아 들어라, 메리.
⑬ B 어 저 봐! 오빠 주먹이 왜 그래?
⑭ M 화가 난 김에 누구를 때렸니?
⑮ S 원 저런!
⑯ B 그 녀석이 날 배신했단 말이야.
⑰ S 사람의 마음이란 알 수 없는거야.
⑱ B 이제 그 녀석과 절교했어.
⑲ S 너 그 녀석에게 복수하지 않을거야?
⑳ B 그럴 필요는 없어.

chapter 26 Appearances are deceptive.
열길 물속은 알아도 한 길 사람의 마음은 모른다.

Notes on Conversation

(1) I wonder ~ . ~이 궁금하다.

예문

① I wonder what's keeping her.
왜 그녀가 오지 않을까 궁금하구나.

② I wonder whether my sweet-heart is at home or not.
나의 애인이 집에 있는지 없는지 궁금하다.

③ I wonder whether my son won the first prize or not.
내 아들이 1등을 했는지 어쩐지 궁금하구나.

(2) S + be upset.

S는 냉정을 잃다, 마음이 불안하다, 마음이 떠 있다

예문

① I'm upset now.
난 지금 불안하다.

② Are you upset now?
너 지금 마음이 붕 떠있니?

③ You don't have to be upset.
불안해 할 필요 없어.

(3) You know how it is when you + V.

사람이 V를 하다보면 그럴 수도 있다.

예문

① You know how it is when you have a date.
사람이 데이트를 하다보면 그럴 수도 있지 뭐.

② You know how it is when you listen to the music.
사람이 음악을 듣다보면 그럴 수도 있지.

③ You know how it is when you play hooky.
사람이 농땡이를 치다 보면 그럴 수도 있다.
▶ play hooky : 농땡이 치다

(4) Your business is your own.

너의 행동에 대해서는 네 자유다.

예문

① My business is my own.
내 일에 간섭하지 마.

② His business is his own.
그이 일에 간섭하지 마.

③ Hey, listen to me, my business is my own.
이봐 내 말 들어봐, 내일은 내가 알아서 해.

(5) S + get in one's way.

S는 ~의 일을 방해하다.

예문

① Are you going to get in my way?
내 일에 방해할 거야?

② Don't get in my way.
내 일에 방해하지 마.

③ You mustn't get in my way.
너 내일에 방해하면 안 돼.

(6) Take my word for it.

내가 하는 말을 명심해서 지켜라, 나를 믿어 주세요.

예문

① You can take my word for it.
당신은 내 말을 믿어도 됩니다.

② Can't you take my word for it?
내 말을 믿을 수 없어요?

③ You've got to take my word for it.
당신은 내 말을 명심해야 합니다.

(7) in a fit of anger

화가 난 김에, 화가 나서, 홧김에

예문

① You hit your wife in a fit of anger. You're mean!
홧김에 너의 부인을 때렸다고. 너 너무 하구나.

② He was speeding in a fit of anger.
그는 화가 나서 과속했다.

③ She left home in a fit of anger.
그녀는 홧김에 가출했다.

(8) S + go back on someone.

S는 ~를 배신하다, ~을 어기다

예문

① Don't tell me you'd go back on me.
설마 나를 배신하지는 않겠지.

② I swear, I won't go back on you for anything.
나는 어떤 일이 있더라도 당신을 배신하지 않겠다고 맹세합니다.

③ Don't go back on me.
날 배신하지 마.

(9) S + take revenge on someone.

S는 ~에게 복수하다.

예문

① I will take revenge on him.
난 그에게 복수할 거야.

② You mustn't take revenge on him.
넌 그에게 복수하면 안 돼.

③ Don't take revenge on her.
그녀에게 복수하지 마라.

chapter 27

Silly quarreling.

어리석은 말다툼

❶	American	America is the most wonderful place to live in all the world. (1)
❷	Korean	Well, that's matter of opinion. I prefer Korea. (2)
❸	A	No, it doesn't make sense. (3) No one will dispute the fact that America is far better than Korea. (4)
❹	K	Listen! I'm proud of my country, Korea.
❺	A	No, I don't mean that. But you don't have to be so proud of Korea like that.
❻	K	What are you talking about?
❼	A	You're right. But what makes you so contrary? (5)
❽	K	I don't see anything wonderful about America. (6)

❶	American	미국이 세계에서 제일 살기 좋은 곳이야.
❷	Korean	글쎄, 그게 견해의 차이야. 난 한국이 더 좋은 걸.
❸	A	그건 말도 안 돼. 미국이 한국보다 더 좋다는 것은 자타가 공인해.
❹	K	이봐! 난 내 나라 한국이 더 좋아.
❺	A	그런 뜻이 아니야. 그러나 한국을 자랑스럽게 여길 것까지는 없지 뭐.
❻	K	뭐라고?
❼	A	물론, 그래. 넌 왜 자꾸 그릇된 말을 하는 거야?
❽	K	미국 좋은 것 하나도 없어.

⑨ A Oh, well! You're teasing me? You're really wicket. (7)

⑩ K What do you mean by that? I don't see anything wicked about me.

⑪ A Hey! You mustn't get on my nerves. (8)

⑫ K On the contrary. (9)

⑬ A The very idea!

⑭ K You've asked it, you've got it, that's all. (10)

⑮ A I insist America is hard to beat all around the world. (11)

⑯ K Well, that's too thin. (12)

⑰ A Don't get mad at me. (13)

⑱ C What are you doing now? What's wrong?

⑲ A He said Korea is better than America, that's why.

⑳ C What's the use of quarreling about that? (14)

---

⑨ A 너 나를 약 올릴 거야? 이 고약한 친구.
⑩ K 그건 무슨 말이야? 나 고약한 것 하나도 없어.
⑪ A 이봐! 나 신경 건드리지 마.
⑫ K 그와는 정 반대야.
⑬ A 참 기가 막혀서!
⑭ K 네가 먼저 그래서 나도 그랬어, 그것뿐이야.
⑮ A 난 미국이 전 세계에서 가장 좋다고 주장한다.
⑯ K 속이 뻔히 들여다보인다.
⑰ A 나 화나게 하지 마.
⑱ C 너희들 뭐하고 있어? 뭐가 잘못 됐어?
⑲ A 걔가 한국이 미국보다 더 좋데, 그래서 그래.
⑳ C 말다툼해서 무슨 소용이 있어?

Notes on Conversation

(1) S + be the most wonderful place to + V.

S는 V하는 데 가장 좋은 곳이다.

예문

① This is the most wonderful place to get a good catch of carp.
여기는 잉어를 낚는 데 가장 좋은 곳이다.

② This is the most wonderful place to study English.
여기가 영어 공부하는 데 가장 좋은 곳이야.

③ This is the most wonderful place to read a book.
여기가 독서하는 데 가장 적합한 곳이야.

(2) That's a matter of opinion.

그건 견해 상의 문제다, 의견 차이다.

예문

① Well, I think that's a matter of opinion.
글쎄, 견해 상의 문제라고 생각합니다.

② Don't get me wrong. that's a matter of opinion.
나를 오해하지 마. 그건 견해 상의 문제야.

③ Don't get on my nerves. that's a matter of opinion.
내 신경 건드리지 마. 그건 의견 차이야.

(3) It doesn't make sense. = It doesn't matter.

그건 말도 안 돼.

예문

① It doesn't make sense to start it again.
그걸 다시 시작한다니 말도 안 돼.

② It doesn't make sense to say so.
그렇게 말하다니 말도 안 돼.

③ Well, It doesn't make sense.
글쎄, 그건 말도 안 돼.

(4) No one will dispute the fact that ~

~은 자타가 공인한다, 의심치 않는다.

예문

① No one will dispute the fact that you have money to burn.
당신이 돈을 많이 가지고 있다는 사실은 자타가 공인하는 바이다.

② No one will dispute the fact that I paid off my debts.
내가 빚을 청산했다는 사실은 의심의 여지가 없다.

③ No one will dispute the fact that well begun is half done.
시작이 반이라는 말은 자타가 공인한다.

(5) What makes you so contrary?

너 왜 자꾸 그릇된 말만 하는 거야?

대화

① A : You're a bad guy. 넌 나쁜 놈이야.
B : What make you so contrary? 넌 왜 자꾸 그릇된 말만 하니?

② A : He's a ham actor. 그는 형편없는 연기자.
B : What make you so contrary? 넌 왜 자꾸 그릇된 말만 하니?

③ A : He's a goldbrick. 그는 게으름뱅이야.
B : What make you so contrary? 넌 왜 자꾸 그릇된 말만 하니?

(6) I don't see anything wonderful about + N.

나는 N에 대하여 ~한 점을 하나도 발견하지 못했다.

예문

① I don't see anything beautiful about her.
난 그녀의 아름다운 점을 보지 못했다.

② I don't see anything brave about him.
그에겐 용감한 면이 없어.

③ I don't see anything wonderful about the park.
그 공원의 멋진 부분을 본 적이 없어.

(7) S + be wicked.

S는 고약한 놈이다.

예문

① He is really wicked.

그는 고약한 시꺼먼 놈이다.

② Is she wicked?

그녀는 밑바탕이 좋지 않니?

③ You're not wicked.

넌 나쁜 사람이 아니다.

(8) S + get on one's nerves.

S는 ~의 신경을 건드리다.

예문

① You have a tendency to get on my nerves in vain.

당신은 쓸 데 없이 나의 신경을 건드리는 경향이 있어요.
※ in vain : 쓸 데 없이, 헛되이

② Don't get on my nerves.

내 신경 건드리지 마.

③ Are you trying to get on my nerves?

너 내 신경 건드릴 거야?

(9) on the contrary

그와는 반대로

예문

① On the contrary, he speaks very good English.

그와는 반대로 그는 영어를 잘한다.

② On the contrary, he is honest.

그와는 반대로 그는 정직하다.

③ On the contrary, she left home.

그와는 반대로 그녀는 집을 떠났다.

(10) You've asked it, you've got it.

네가 먼저 그렇게 했기 때문에 나도 그렇게 했어.

대화

① A : Why do you speak ill of her? 너 왜 그녀를 욕하니?
B : You've asked it, you've got it. 네가 먼저 그렇게 했기 때문에 나도 그렇게 한 거야.

② A : Why do you hate her? 왜 그녀를 미워해?
B : You've asked it, you've got it. 네가 먼저 그렇게 했기 때문에 나도 그렇게 한 거야.

③ A : Why are you smoking again? 너 또 왜 담배 피우니?
B : You've asked it, you've got it. 네가 먼저 그렇게 했기 때문에 나도 그렇게 한 거야.

(11) S + be hard to beat.

S가 최고다.

예문

① Korea is hard to beat in the world.
한국이 세계에서 최고다.

② You English ability is hard to beat.
너의 영어 실력이 최고다.

③ This lake is hard to beat.
이 호수가 최고야.

(12) That's too thin.

너의 속이 훤히 들여다보인다, 거짓말이 너무나도 빤히 들여다보인다.

대화

① A : I'm very much fond of her. 난 그녀가 너무 좋아.
B : That's too thin. 네 속이 훤히 들여다보인다.

② A : I don't like eating it. 난 그거 먹기 싫어.
B : That's too thin. 네 속이 훤히 들여다보인다.

③ A : I don't want to marry her. 난 그녀와 결혼하기 싫어.
B : That's too thin. 네 속이 훤히 들여다보인다.

(13) S + get mad at someone.

S는 ~에게 화를 내다.

예문

① Don't get mad at me.

나에게 화 내지 마.

② You mustn't get mad at your wife in every condition.

어떤 상황에서도 넌 너의 아내에게 화를 내면 안 돼.

③ You don't have to get mad at him.

그에게 화를 낼 필요 없어.

(14) What's the use of + ~ing?

~ing한들 무슨 소용이 있어요?

예문

① What's the use of speaking very good English?

영어를 잘한들 무슨 소용이 있어요?

② What's the use of making a lot of money?

돈을 많이 번들 무슨 소용이 있어요?

③ What's the use of getting some rest?

약간의 휴식을 취한들 무슨 소용이 있어요?

chapter 28

Don't bite off more than you can chew.

힘겨운 것은 하지 마라.

1 A How have you been these days?

2 B Well, I'm at a loss for an answer.
(1)

3 A What do you mean by that?

4 B You know, to hang around is my daily routine life.

5 A Well, things have come to a peculiar pass!
(2)

6 B But there is nothing I can do about that.
(3)

7 A Then you'll have to do something about that.
(4)

8 B That's just it.

9 A Oh, here is what I suggest.

10 B Any good choice?

---

1 A 요즘 어떻게 지내니?
2 B 글쎄, 대답하기가 곤란한데.
3 A 무슨 뜻이야?
4 B 저… 할 일 없이 돌아다닌 것이 나의 무미건조한 생활이야.
5 A 아이고, 신세 따분하구나!
6 B 그러나 어쩔 수 없어.
7 A 그러면 그 점에 대서 무슨 대책을 세워야 되겠는데.
8 B 바로 그거야.
9 A 아, 이렇게 하자.
10 B 좋은 방안이라도 있나?

⑪ A When the worst comes to the worst, you can take my job.
(5)

⑫ B Oh, nuts! I wouldn't do that for anything.
(6)

⑬ A Don't worry about that. I can get another job.

⑭ B Even so, I can't do that.

⑮ A It doesn't matter. Don't be formal.

⑯ B I'd rather beat my brains out to marry for money.
(7)

⑰ A Is that all you've got to say?
(8)

⑱ B No, but you know how it is when you're in trouble.

⑲ A Don't bite off more than you can chew.
(9)

⑳ B I'll try hit or miss.

---

⑪ A 최악의 경우에는 네가 내 대신 일하면 되지.
⑫ B 아, 싱거워! 무슨 일이 있어도 그건 안 되지.
⑬ A 그것에 대해선 걱정하지 마. 난 다른 직업을 구할 수 있어.
⑭ B 아무리 그렇다 해도, 그래서는 안돼.
⑮ A 상관없어. 사양할 것도 없어.
⑯ B 난 돈 많은 여자와 결혼하려고 애쓰고 있어.
⑰ A 기껏 한다는 소리가 그거야?
⑱ B 아니, 사람이란 곤경에 빠지면 그럴 수도 있지.
⑲ A 힘에 겨운 일은 하지 마.
⑳ B 되든 안 되든 간에 시도 해봐야지.

Notes on Conversation

(1) I'm at a loss for an answer.
뭐라 대답해야 할지 당황스럽네요.

대화

① A : Do you want to marry her? 그녀와 결혼하고 싶어요?
B : I'm at a loss for an answer. 뭐라 대답해야 할지 당황스럽네요.

② A : Are you ready for the exam? 너 시험 준비 되어있니?
B : I'm at a loss for an answer. 뭐라 대답해야 할지 당황스럽네요.

③ A : Are you fond of her? 너 그 여자 좋아하니?
B : I'm at a loss for an answer. 뭐라 대답해야 할지 당황스럽네요.

(2) Well, thins have come to a peculiar pass!
아이고, 신세 따분하구나!

대화

① A : You failed the oral test. 너 구두시험에 떨어졌구나.
B : Well, thins have come to a peculiar pass! 아이고, 신세 따분하구먼.

② A : Your business is in the red these days. 너의 사업이 요즘 적자라면서.
B : Well, thins have come to a peculiar pass! 아이고, 신세 따분하구먼.

③ A : She is broken hearted. 그녀는 비탄에 잠겨있군.
B : Well, thins have come to a peculiar pass! 아이고, 신세 따분하구먼.

(3) There is nothing I can do about that.

어쩔 수 없다, 불가피한 상황이야.

대화

① A : I have to win the hearts of the people. 난 인심을 수습해야 해.
B : There is nothing I can do about that. 어쩔 수 없어서 불가피한 상황이야.

② A : You're in a position to help her. 넌 그녀를 도와야 할 처지야.
B : There is nothing I can do about that. 어쩔 수 없어서 불가피한 상황이야.

③ A : I've got to marry her. 난 그녀와 결혼해야 해.
B : There is nothing I can do about that. 어쩔 수 없어서 불가피한 상황이야.

(4) S + have to do something about + N.

S는 N에 대하여 대책을 강구해야 한다.

예문

① I got into trouble yesterday, so I have to do something about that.
난 어제 곤경에 빠졌어, 그래서 대책을 강구해야 해.

② I am afraid that I should be fired. I have to do something about that.
난 해고당할지 걱정이야. 대책을 강구해야 해.

③ I got an F in biology. I have to do something about that.
난 생물학에서 F학점을 받았어. 대책을 강구해야 해

(5) When the worst comes to the worst + ~.

최악의 경우에는 ~할 수도 있다.

예문

① When the worst comes to the worst, you can take my place.
최악의 경우에는 내 대신 역할을 네가 해줄 수 있어.

② When the worst comes to the worst, I'll buy it.
최악의 경우에는 난 그걸 사겠다.

③ When the worst comes to the worst, I'll take revenge on him.
최악의 경우에는 난 그에게 복수할 거야.

(6) I wouldn't do that for anything.

무슨 일이 있더라도 난 그 일은 못하겠어.

대화

① A : You'd better practise English conversation every day.
넌 매일 영어를 연습하도록 해라.
B : I wouldn' t do that for anything. 무슨 일이 있어도 그건 못하겠어요.

② A : You've got to have a date with her. 너 그녀와 데이트를 해야 한다.
B : I wouldn't do that for anything. 무슨 일이 있어도 그건 못하겠어요.

③ A : You've got to marry her. 너 그녀와 결혼해야 해.
B : I wouldn't do that for anything. 무슨 일이 있어도 그건 못하겠어요.

(7) S + beat one's brains out to + V.

S는 V를 하려고 애를 쓰다, 최선을 다하다

예문

① Are you trying to beat your brains out to marry her.
당신은 그녀와 결혼하려고 최선을 다합니까?

② I'm trying to beat my brains out to pass the exam.
난 그 시험에 합격하려고 애를 쓴다.

③ I'm beating my brains out to solve the difficult problem.
난 어려운 문제를 풀려고 최선을 다하고 있다.

(8) Is that all you've got to say?

기껏 한다는 소리가 그거야?

대화

① A : I'd like to hang around. 나는 맹목적으로 돌아다니고 싶어.
B : Is that all you've got to say? 기껏 한다는 소리가 그거야?

② A : I'd like to make a lot of money. 난 돈 많이 벌고 싶어.
B : Is that all you've got to say? 기껏 한다는 소리가 그거야?

③ A : I want to play games. 난 놀음 하고 싶어.
B : Is that all you've got to say? 기껏 한다는 소리가 그거야?

(9) Don't bite off more than you can chew.

너무 무리하지 마.

대화

① A : I'm in a position to sit up all night. 나 철야해야 할 처지입니다.
B : Don't bite off more than you can chew. 너무 무리하지 마.

② A : I will be up all night studying. 밤새도록 공부를 할 겁니다.
B : Don't bite off more than you can chew. 너무 무리하지 마.

③ A : I will work with my all might all through the night.
난 밤새도록 최선을 다해 일할 거예요.
B : Don't bite off more than you can chew. 너무 무리하지 마.

(10) I'll try hit or miss.

되든 안 되든 간에 한 번 해 보겠다.

예문

① I want to study hard hit or miss. 되든 안 되든 열심히 공부하고 싶어요.

② I'll try hit or miss. 되든 안 되든 부딪쳐 볼 게요.

③ You must make an effort for your family hit or miss.
너는 되든 안 되든 가족을 위하여 노력을 해야 한다.

chapter 29

A lady should be graceful.

숙녀는 얌전해야 한다.

1 A You're a mess.(1)

2 B I don't have time to(2) fool around with(3) my hair, that's why.

3 A I didn't mean that. You have to take a check of(4) yourself.

4 B You mean my eyelashes?

5 A Far from it.(5)

6 B Well, I wonder what it is.

7 A You're too free and easy.(6)

8 B That's true, so I'll have to have neat features.(7)

9 A You must, but it'll be too much trouble.(8)

10 B No, that's no trouble.

---

1 A 너 지저분해.
2 B 머리를 손질할 시간적 여유가 없어서 그래.
3 A 그런 뜻이 아니라. 너 자신을 좀 확인해 보라는 뜻이야.
4 B 내 속눈썹 말이야?
5 A 천만에.
6 B 그럼 뭘까?
7 A 넌 너무나 털털해. 단정치 못해.
8 B 그건 그래, 그래서 좀 단정해야 할 것 같긴 해.
9 A 그래야지, 근데 넌 단점이 있을 거야.
10 B 아니, 문제점은 없어.

⑪ A Well, it won't be long before you'll get married.
(9)

⑫ B But I don't feel like getting married.
(10)

⑬ A But you must.

⑭ B Getting back to the subject …
(11)

⑮ A What do you mean by "I'm a mess"?

⑯ B You know, I hate to go out in public with a crocked scam.
(12)

⑰ A So do I. How do my stockings look?

⑱ B Good, but you always wear your stockings inside out.
(13)

⑲ A Oh?

⑳ B Okay, let's leave it that way.
(14)

---

⑪ A 결혼할 날도 얼마 남지 않았는데.
⑫ B 결혼하고 싶은 마음은 없어.
⑬ A 그렇지만 해야 해.
⑭ B 본 화제로 돌아가서 …
⑮ A 내가 지저분하다는 게 무슨 뜻이야?
⑯ B 저, 난 주름이 잡힌 채로 대중 앞에 나선 것은 질색이야.
⑰ A 나도 그래. 내 스타킹 어때?
⑱ B 좋아, 근데 너는 언제나 뒤집어 신고 다니더라.
⑲ A 뭐?
⑳ B 좋아, 그만 두자.

Notes on Conversation

(1) S + be a mess.

S는 지저분하다.

예문

① You're a mess. 너 지저분하구나.

② Your room is a mess. 너의 방이 지저분해.

③ The classroom is a mess. 교실이 지저분하다.

(2) S + don't have time to + V.

S는 V를 할 시간이 없다.

예문

① I don't have time to sweep a chimney.
연통 청소할 시간이 없다.

② I don't have time to cram for the exam.
벼락치기 공부 할 시간이 없다.

③ I'm sorry, but I don't have time to help you.
미안하지만, 너를 도와줄 시간이 없다.

(3) S + fool around with someone.

S는 ~와 장난치다, ~를 우롱하다, 만지작거리다

예문

① Don't fool around with the machine.
그 기계 만지작거리지 마라.

② You mustn't fool around with them.
그들을 놀리면 안 돼.

③ Don't fool around with the clock.
그 시계 만지작거리지 마.

(4) S + take a check of + N.

S는 N을 확인하다. = make a sure of

예문

① I'm going to take a check of my purse.
내 지갑을 확인할 거다.

② I have to take a check of the attendance book.
출석부를 확인해야 한다.

③ I have to take a check of receipt and change.
영수증과 잔돈을 확인해야 한다.

(5) Far from it.

천만에 말씀, 전혀 그렇지 않다.

대화

①A : Are you crazy about money? 너 돈에 미쳤니?
B : Far from it. 천만에, 전혀

② A : Are you fond of her? 너 그녀 좋아해?
B : Far from it. 천만에, 전혀

③ A : Do you want to cut class? 너 수업 빼먹고 싶어?
B : Far from it. 천만에, 전혀

(6) S + be too free and easy.

S는 너무나 털털하다, 격식을 차리지 않는; 편안하다.

예문

① She is too free and easy.
그녀는 너무 털털하다.

② You mustn't be too free and easy to your elders.
어른 앞에서 너무 편안하게 하면 안 돼.

③ You have a tendency to be too free and easy.
당신은 너무나 단정치 못하는 경향이 있어요.

(7) S + have neat features.

S는 단정하다.

예문

① You've got to have neat features.
너는 단정해야 한다.

② Do I have to have neat features?
내가 단정해야 하나요?

③ I think I have neat features.
난 단정하다고 생각한다.

(8) It'll be too much trouble.

곤란한 점이 많을 거야, 문제점이 많을 거야

대화

① A : I'll have to rise in the world. 난 출세해야 할 거다.
▶ rise in the world : 출세하다
B : It'll be too much trouble. 문제점이 많을 걸.

② A : I'm going to get some rest. 휴식을 좀 취할 거야.
B : It'll be too much trouble. 문제점이 많을 걸.

③ A : I have to see each other with a view to marriage. 나 선을 봐야 해.
B : It'll be too much trouble. 문제점이 많을 걸.

(9) It won't be long before ~.

~할 때도 얼마 남지 않았다.

예문

① It won't be long before we look forward to summer vacation.
여름휴가를 기다리는 것도 얼마 안 남았어.

② It won't be long before I finished my work.
내 작업 끝내는 것도 얼마 남지 않았다.

③ It won't be long before I complete research paper.
연구논문을 완성하는 데 얼마 안 남았어요.

(10) S + don't feel like + ~ing.

S는 ~ing은 하고 싶은 심정이 아니다.

예문

① I don't feel like.
그러고 싶지 않아요.

② I don't feel like eating now.
지금 먹고 싶지 않아요.

③ I don't feel like working any more.
더 이상 일하고 싶진 않아요.

(11) Getting back to the subject, ~.

본 화제로 돌아가서, 본론으로 들어가서, ~

예문

① Getting back to the subject, we' re good friends.
본론으로 들어가t, 우린 좋은 친구야.

② Getting back to the subject, I want to live in a grand style.
본 화제로 돌아가서, 난 호의호식하면서 살고 싶어.

③ Getting back to the subject, we have to rise in the world.
본론으로 돌아가면, 우리는 출세해야 한다.

(12) S + hate to + V.

S는 V하는 것은 질색이다, V하기가 싫다.

예문

① I hate to study.
난 공부가 싫어.

② I hate to dance.
난 춤추는 게 싫어.

③ I hate to keep in touch with her.
난 그녀와 연락하는 게 싫어.

▶ keep in touch with : ~와 연락하다.

(13) S + wear + N + inside out.

S는 N을 뒤집어 입다.

예문

① You wore your jacket inside out.
넌 재킷을 뒤집어 입었구나.

② Don't wear your pajamas inside out tonight.
오늘 밤에는 파자마 뒤집어 입지 말아요.

③ You wore your shirts inside out.
너 티셔츠 뒤집어 입었어.

(14) Let's leave it that way.

그만둡시다.

대화

① A : Not to change the subject, … 본론으로 들어가면, …
B : Let's leave it that way. 그만둡시다.

② A : We need to consult with our friends about the matter.
친구들과 함께 그 일에 대하여 의논할 필요가 있습니다.
B : Let's leave it that way. 그만둡시다.

③ A : Let's talk over the matter with him. 그 일에 대해 그 사람과 의논합시다.
B : Let's leave it that way. 그만둡시다.

chapter 30

You flatter me.

날 너무 칭찬 하는구나.

1 A My! You look wonderful today.

2 B Thanks, you look very nice in everything.

3 A Thanks for the compliment, but I'm all dressed up (1) now.

By the way, what's so special about (2) today?

4 B I'm scheduled to (3) go to Jim's wedding this afternoon.

5 A Oh, sure! I didn't think of it. Thanks for reminding me of it.

6 B Oh, dear! I never thought you were an absent-minded man. (4)

7 A I think this color stays on better. (5)

8 B And it won't smear or rub off. (6) Well, I'll have to get some more powder.

---

1 A 야! 오늘 멋있는데요.
2 B 고마워, 넌 하나에서 열까지 멋져보여.
3 A 칭찬해줘서 고마워요, 난 지금 옷을 가장 멋있는 옷으로 입었어요.
그런데 오늘 무슨 특별한 일이라도 있어?
4 B 오후에 짐의 결혼식에 가려고요.
5 A 아 그래요! 미처 생각하지 못했어요. 알려줘서 고마워요.
6 B 이봐요! 난 당신이 건망증이 없는 걸로 알고 있는데.
7 A 난 이 색깔이 날아가지 않고 계속 있을 걸로 생각해요.
8 B 그리고 뭐가 잘 묻지도 않고 닦아지지도 않을 거야.
분을 좀 더 발라야 되겠다.

⑨ A Oh, that's enough. Someone might take you for a movie star.

⑩ B Oh, you flatter me. My skirt is a mess.

⑪ A Yes, there that' s done! This is a job. Is that about that?

⑫ B Good, thank you.

⑬ A What do I do next?

⑭ B No, more, you have done a big job.
(7)

⑮ A May I leave now?

---

⑨ A 그만하면 됐어요. 누군가가 당신을 영화배우로 데려가겠네요.
⑩ B 오, 과찬이세요. 제 치마상태가 엉망인데요.
⑪ A 그래요. 그만하면 됐어요! 일거리가 있는데요, 이 정도면 되겠지요??
⑫ B 그럼요, 고마워요.
⑬ A 또 무얼 할까요?
⑭ B 없어요, 수고했어요.
⑮ A 이제 가도 될까요?

Notes on Conversation

(1) S + be all dressed up.

S는 옷을 멋있게 입다.

예문

① Why are you all dressed up today?
왜 오늘 옷을 멋있게 입었어요?

② I have to be all dressed up now.
나 지금 멋있게 옷 입어야 해.

③ Say! you're all dressed up today.
야! 오늘 옷 쫙 빼입었어.

(2) What's so + adj + about?

무슨 ~한 일이라도 있어요?

예문

① What's so excited about?
무슨 흥분된 일이라도 있어요?

② What's so interesting about?
무슨 재미있는 일이라도 있어요?

③ What's so hurry about?
무슨 급한 일이라도 있어요?

(3) S + be scheduled to + V.

S는 V할 예정이다.

예문

① I'm scheduled to take a picture.
나 사진 찍을 거예요.

② Are you scheduled to marry her on September?
9월에 결혼할 예정이에요?

③ I'm scheduled to draw a picture in this afternoon.
오후에 그림 그릴 거야.

(4) absent-minded

건망증이 심한

예문

① He is an absent-minded painter.
그는 얼빠진 화가야.

② She is an absent-minded doctor.
그녀는 건망증(健忘症)이 심한 의사야.

③ You must be an absent-minded professor.
당신은 건망증이 심한 교수인 것 같아요.

(5) S + stay on better.

S는 오래 지탱한다.

예문

① This stone stays on better.
이 돌은 오래 지탱하는구나.

② This red color stays on better.
이 빨간색은 오래 유지한다.

③ The color of this shirts stay on better.
이 셔츠의 색깔은 오래 유지되는구나.

(6) S + won't smear or rub off.

S는 때가 묻지도 않고 닦아지지도 않는다.

예문

① This color won't smear or rub off.
이 색은 때가 묻지도 않고 닦아지지도 않는다.

② This ink won't smear or rub off.
이 잉크는 때가 묻지도 않고 닦아지지도 않는다.

③ This shirts won't smear or rub off.
이 셔츠는 때가 묻지도 않고 닦아지지도 않는다.

(7) You have done a big job.

수고 많이 했어요.

대화

① A : I stayed up nights to study. 밤 세워 공부했어요.
B : You have done a big job. 수고 많이 했다.

② A : I finished my work with difficulty. 어렵게 일을 끝냈어요.
B : You have done a big job. 수고 많이 했어요.

③ A : I caught the armed robber with difficulty.
내가 어렵게 무장 강도를 잡았어요.
B : You have done a big job. 고생 많이 했어요.

I

APPENDIX

회화의 공식 활용 편

01 There is just one question about + N.
N에 대하여 꼭 한가지 질문이 있다.

예문

① There is just one question about the discipline problem.
※ discipline problem : 규율문제
② There is just one question about your business.
③ There is just one question about you sister.

02 S + risk one's neck for + N.
S는 N을 위해 목숨을 바치다.

예문

① I'm ready to risk my neck for my country.
② You must risk your neck for your family.
③ He risk his neck for the development of his company.

03 S + be in for a real treat.
S에게는 큰 선물이 되다, 처음 경험하게 되다.

예문

① I'm in for a real treat.
② You must be in for a real treat.
③ Are you in for a real treat?

04 S + be about half way down in one's class.
S는 자기 학급에서 중간 정도이다 → 석차(席次)를 물을 때 쓰는 표현

예문

① I'm about half way down in my class.
② She is about half way down in her class.
③ As you know, he is about way down in his class.
※ as you know : 아시다시피, 네가 아는 바와 같이

05 S + be always using nasty words.

S는 항상 좋지 않은 말을 한다. (욕설 등)

예문

① She used nasty words in speech. 그녀는 험담을 하였다.

※ nasty word : 외설스러운 말

② Listen to me carefully, Don't be always using nasty words.

③ You mustn't use nasty words.

06 S + be cramming for + N.

S는 N에 열심열중이다.

예문

① He is cramming for the exam.

② I'm cramming for English.

③ Are you cramming for your work now?

07 S + be out of + N.

S에게는 N이 없다.

예문

① She is out of her job.

② I'm out of money.

③ He's out of his desk. 그는 실업 중이다. → 무직임을 뜻함.

08 All I have to do is to + V.

나는 V만 하면 된다.

예문

① All I have to do is to get a job. ※ get a job : 직업을 구하다

② All I have to do is to make a lot of money.

※ make a lot of money : 돈을 많이 벌다

③ All I have to do is to make a fortune. ※ make a fortune : 재산을 모으다

09 S + stand on one's own two feet.

S는 자립하다.

예문

① You have to stand on your own two feet.
② She stood on her own two feet.
③ I will stand on my own two feet for anything.
※ for anything : 무슨 일이 있어도, 꼭, 여하 간에,

10 S + be not far off.

S는 얼마 남지 않았다. → 기간, 거리에도 사용함

예문

① My birthday is not far off. 기간
② The examination is not far off. 기간
③ The Seoul station is not far off. 거리

11 I wonder what's keeping someone?

~는 왜 안 오는지 궁금하다.

예문

① I wonder what's keeping her?
② I wonder what's keeping them?
③ I wonder what's keeping my sister?

12 S + go back on one's word. S는 약속을 어기다, 약속을 지키지 않다, 번복하다 S + go back on someone. S는 ~를 배신하다.

예문

① He never goes back on his word. 그는 자신의 말을 번복하는 법이 없다.
② I won't go back on my word. 난 약속을 어기지 않겠다.
③ He went back on me. 그는 나를 배신했다.

13 S + don't have to + V.

S는 V를 할 필요 없다.

예문

① You don't have to make a long face.

※ make a long face : 싫은 얼굴을 하다, 싫은 얼굴 표정을 짓다.

② I have to make out that he had been badly treated.

※ make out : 증명하다

※ that he had been badly treated : 그가 학대받았다는 것

③ I don't have to speak for another.

※ speak for another : 다른 사람 대변하다

14 S + make a point of + ~ing.

S는 으레 ~ing하다, ing 하기로 되어 있다, 상습적으로 ~ing하다.

예문

① He makes a point of reading a book.

② He makes a point of taking advantage of me.

※ take advantage of : ~을 이용하다

③ He makes a point of reflecting on himself.

※ reflect on oneself : 반성하다

15 S + keep company with someone.

S는 ~와 교재하다. (애정적인 교재를 의미함)

예문

① She is keeping company with Mr. Jackson.

② I want to keep company with him.

③ Why not keep company with Miss Dundon?

16 I never thought ~.

나는 전혀 ~을 생각하지 못했다.

예문

① I never thought his works were superior in this respect.
※ be superior ~ : ~이 우수하다
※ in this respect : 이런 점에서

② I never thought he ram into debt with this dining-hall.
※ run into debt = run in debt : 빚을 지다
※ dining-hall : 식당

③ I never thought the supply of coal run short.
※ supply of coal : 석탄의 공급
※ run short : 부족하다

17 S + sit up with someone.

S는 ~를 간호하다.

예문

① I sat up with my father far into the night.
※ far into the night : 밤새껏

② I will sit up with my mother tonight.

③ Are you going to sit up with your daughter all day long.
※ all day long : 온종일

18 S + be responsible for + N.

S는 N에 대한 책임이 있다.

예문

① I have to be responsible for my word. 난 나의 말에 대해 책임을 져야 한다.

② You are responsible for her.

③ Do you think your're responsible for that?

19 S + be stone broke.

S는 돈이 한 푼도 없다.

예문

① I'm stone broke.
② He must be stone broke.
③ Are you stone broke?

20 The old saying tells us that ~.

옛말에 ~라고 하더라.

예문

① The old saying tells us that different people have different abilities.
※ different people have different abilities : 재능이란 사람마다 다르다
② The old saying tells us that a little pot is soon hot.
※ a little pot is soon hot. : 소인은 화를 잘 낸다.
③ The old saying tells us that a barking dog does not bite.
※ a barking dog does not bite : 다변무능(多辯無能)–말이 많은 자는 무능하다.

21 S + leave things to chance.

S는 모든 것을 운명에 맡기다.

예문

① I left things to chance.
② He left thins to chance.
③ Are you trying to leave things to chance?

22 S + be fresh from + 장소

S는 ~에서 온지 얼마 안 됐다.

예문

① I'm fresh from America.
② Are you fresh from France?
③ He's fresh from countryside.

23 It's not so + a + as you might think.

S는 네가 생각한 것처럼 a(형용사)하지 않는다.

예문

① She is not so beautiful as you might think.
② He is not so brave as you might think.
③ It's not so necessary as you might think.

24 S + really meant to + V.

S는 진실로 V를 하려고 했다.

예문

① I really meant to go to church last Sunday.
② I really meant to go to America when young.
※when young : 젊었을 때
③ I really meant to minister to him in his last hours.
※minister to ~ : ~에게 도움이 되다
※in one's last hours : 임종 때, 숨질 때

25 S + get the low-down on + N.

S는 N에 대한 내막을 다 알고 있다.

예문

① I get the low-down on her.
② She gets low-down on me.
③ Why are you trying to get the low-down on me?

26 I wish somebody would + V.

나는 누가 나에게 V를 해줬으면 좋겠다.

예문

① I wish somebody would make room for me.
※ make room for ~ : ~에게 자리를 양보하다

② I wish somebody would lend me money.
③ I wish somebody would hand me a pen.
※hand me a pen : 펜을 집어주다.

27 S + be not in good health.

S는 건강이 안 좋다.

예문

① He's not in good health.
② I'm sorry to hear that she's not in good health.
③ Why is he not in good health?

28 S + have a hunch that ~

S는 ~의 예감이 든다.

예문

① You have a hunch you cut class.
※cut class : 수업을 빼먹다
② I have a hunch he is something of a hero.
※something of : 약간
※he is something of a hero. : 그는 영웅다운 점이 약간 있다.
③ I have a hunch that he has a cold.
※have a cold : 감기에 걸리다.

29 S + be inclined to + V.

S는 V를 하는 경향이 있다.

예문

① He is inclined to take a walk in the morning.
※take a walk : 산책하다
② I'm inclined to give your story the benefit of the doubt.
※give one's story the benefit of the doubt : ~의 말을 의심하면서도 믿는다.
③ I'm inclined to go to bed early.
※go to bed early : 일찍 잠자리에 든다.

30 S + give one's story the benefit of the doubt.

S는 ~의 말을 의심하면서도 믿는다.

예문

① I give your story the benefit of the doubt.
② She gives my story the benefit of the doubt.
③ You give my story the benefit of the doubt.

31 S + be tempted to + V.

S는 V를 하고 싶은 생각이 든다, ~하도록 유혹을 받는다.

예문

① She must be tempted to marry me.
② You're tempted to drink, aren't you?
③ She was tempted to get out of the town. 그녀는 마을을 떠나고 싶었다.
※get out of ~ : ~에서 떠나다
※get out of the town : 마을을 떠나다

32 The idea is to + V.

V만 하면 된다.

예문

① The idea is to study English.
② The idea is to marry me.
③ The idea is to give me a hint.
※give me a hint : 나에게 힌트를 주다

33 S + have a lot of trouble + ~ing.

S는 ~ing하는 데 곤란한 점이 많다, 어려움을 겪다.

예문

① I have a lot of trouble solving the problem.

② She has a lot of trouble watching television due to weak-sighted.

※due to : ~때문에

※weak-sighted : 약한 시력

③ I have a lot of trouble focusing in class.

※focus in class : 수업에 집중하다

---

34 No sense in + ~ing.

~ing하는 것은 지각없는 일이다.

예문

① No sense in loving me.

② No sense in overeating.

※overeat : 과식하다

③ No sense in reading a comic book.

※comic book : 만화책

---

35 S + match wits with + N.

S는 N과 경쟁하다, 맞서다. 겨루다

예문

① I'm going to match wits with you in math.

② You'll able to match wits with me in the not far off future.

※in the not far off future : 머지않은 장래에

※in the far off future : 아득한 훗날에, 아주 먼 훗날에

③ I'll match wits with you.

---

36 It'll take someone a life time to + V.

~가 V하는 데는 오랜 세월이 걸릴 것이다.

예문

① It'll take me a life to speak very good English.

② It'll take her a life to make a fortune.

※make a fortune : 거액을 벌다

③ It'll take her a life to come to her sense.

※come to one' s sense : 제 정신으로 돌아오다, 본심으로 돌아가다

37 What a life without + N!

N없는 세상은 따분하구나!

예문

① What a life without you!
② What a life without my old friend!
③ What a life without my mother!

38 All I've got left is + N.

내가 가지고 있는 돈 전부는 N이다. 내 밑천은 N이다.

예문

① All I've got left is a ten-won coin.
※a ten-won coin : 10원 짜리 동전
② All I've got left is my bag.
③ All I've got left is 45 dollars.

39 S + make a fool of oneself.

S는 바보짓을 하다, 웃음거리가 되다.

예문

① He make a fool of himself.
② Hey, listen, Don't make a fool of yourself.
③ Why do you make a fool of yourself?

40 S + can't go without + N.

S는 N없이는 못산다. ※go without ~. : ~없이 지내다 =get along without

예문

① I can't go without you.
② You can't go without your glassed, can you?
③ He can't go without his sweet-heart.
※ sweet-heart : 애인

41 One's heart is always with + N.

~의 마음은 항상 N에게 있다.

예문

① My heart is always with my father.
② Your heart is always with TV drama.
③ Her heart is always with her grandmother.

42 S + have one's own way.

S에게는 고집이 있다, 자기 생각대로 하다.

예문

① I have my own way.
② She has her own way.
③ Do you have your own way?

43 What's the use of + ~ing?

~ing한들 무슨 소용이 있겠어?

예문

① What's the use of having a lot of money?
② What's the use of crying over the spilt milk?
※cry over the spilt milk : 후회하다
③ What's the use of worrying about it?

44 S + strike it rich.

S는 벼락부자가 되다, 큰 광맥을 발견하다, 뜻밖에 대성공을 하다.

예문

① My only wish is to strike it rich.
② He struck it rich.
③ I want to strike it rich.

45 S + be in luck's way.

S는 운이 뛰어나다. 운이 좋다.

예문

① I felt I was in luck's way.
② She is in luck's way.
③ Do you think you're in luck's way?

46 There is no need to + V.

V를 할 필요 없다.

예문

① There is no need to go there.
② There is no need to tell me.
③ There is no need to be in a flap.
※S + be in a flap. S는 당황하다.

47 S + gambled oneself out of house and home.

S는 도박으로 인해 모든 재산을 잃어버렸다.

예문

① Unfortunately, he gambled himself out of house and home.
② She gambled herself out of house and home.
③Did you gamble yourself out of house and home?

48 S + play an important role in + N.

S는 N에 중추적인 역할을 한다, 중요한 역할을 한다.

예문

① Chemical formula plays an important role in chemistry.
※chemical formula : 화학식
② Reading books plays an important role in your future.
③ Watching television plays an important role in our knowledge.

49 S + be stumbling block for + N.

S는 N에 큰 장애물이다, 걸림돌이다.

예문

① You are stumbling block for me.
② Gamble is stumbling block for our life.
③ His opinion is stumbling block for the growth of the company.

50 S + give the first place to + N.

S는 N을 첫째로 삼다, 제일 중요시 여기다.

예문

① I give the first place to faith.
② She give the first place to me.
③ You must give the first place to phrase from the bible.
※phrase from the bible : 성경말씀

51 S + be an expert in + N.

S는 N에 전문가이다.

예문

① He is an expert in pavement of road. ※pavement of road : 도로포장
② He is an expert in furniture making. ※furniture making : 가구제조
③ I am an expert in fireplace.

52 S + be still in bed.

S는 아직도 자고 있다.

예문

① He is still in bed, Don't wake him.
② She is sick with a cold, so she still in bed.
※ sick with a cold : 감기에 걸리다
③ Is he still in bed now?

53 S + get on one's nerves.
S는 ~를 화나게 하다, 신경을 건드리다.

예문

① He would get on my nerves.
② She got on my nerves first thing in the morning.
※ first thing in the morning : 일어나자마자
③ Don't get on my nerves.

54 S + play that trick on + N.
S는 N에게 속임수를 쓰다, N을 속이다.

예문

① You mustn't play that trick on customers.
② Are you trying to play that trick on her?
③ Don't play that trick on me.

55 Money is burning a hole in one's pocket.
~는 낭비가 심하다.

예문

① Money is burning a hole in one her pocket.
② Money is burning a hole in my pocket.
③ Money is burning a hole in my son's pocket.

56 S + should know better than to + V.
S는 V를 해서는 안 된다.

예문

① You should know better than to behave like that.
② You should know better than to climb mountain because you have much to do today. ※ have much to do : 할 일이 많다.
③ You should know better than to do play hooky.
※ play hooky : 수업을 빼먹다, 무단결석하다.

57 S + be all thumbs when it comes to + N, ~ing.

S는 N, ~ing라면 전혀 못한다.

예문

① I'm all thumbs when it comes to using hand tools.

※ using hand tools : 공구를 다루다

② I'm all thumbs when it comes to hammering.

③ She is all thumbs when it comes to cooking.

58 S + hold one's own in + N.

SS는 N에 자신이 있다.

예문

① She holds her own in song.

② He holds his own in free gymnastics.

※ free gymnastics : 도수체조

③ He holds his own in football.

59 S + take another look at + N.

S는 N을 다시 한 번 쳐다보다.

예문

① I want to take another look at you.

② I'd like to take another look at the fashionable world.

※ the fashionable world : 세계적인 유행

③ I've got to take another look at her.

60 S + be dying to + V.

S는 V를 하고 싶어 죽겠다.

예문

① I'm dying to listen to the music again.

② I'm dying to be a doctor.

③ I' m dying to make a lot of money.

61 S + never get to + V.

S는 V를 할 만한 기회가 없다.

예문

① I never get to get some rest. ※ get some rest : 약간의 휴식을 취하다
② I never get to sing a song.
③ I never get to pick sand out of the rice.
※ pick sand out of the rice : 쌀에서 돌을 고르다.

62 S + be getting fat.

S는 점점 살이 찐다.

예문

① I'm getting fat.
② Don't you think you're getting fat?
③ She's getting fat.

63 S + be a little jumpy.

S는 욱하는 성질이 있다, 참을성이 적다.

예문

① He's a little jumpy.
② I'm a little jumpy. That's the question.
③ He is a bad character because he's a little jumpy.
※ S + is a bad character : S는 성격이 안 좋다.

64 S + be talking happy-go-lucky nonsense.

S는 신간 편한 소리하고 있다, 태평한 소리하고 있다.
※ happy-go-lucky nonsense : 태평한 소리, 낙천적인 소리

예문

① You're talking happy-go-lucky nonsense.
② You have a tendency to be talking happy-go-lucky nonsense.
※ S + have a tendency to + V : S는 V를 하는 경향이 있다.
③ Why are you talking happy-go-lucky nonsense.

65 So this is + 장소

아, 여기가 ~로구나.

예문

① So this is Seoul.
② So this is Paris.
③ So this is the baggage reclaim.

※ the baggage reclaim : 수하물 찾는 곳, 공항의

66 S + make a dash for it.

S는 그것을 단숨에 하다, 한 번에 해치우다.

예문

① I will make a dash for it.
② Are you going to make a dash for it?
③ Why are you trying to make a dash for it? Please take your time.

※ take your time : 천천히 하다, 서두르지 않다.

67 S + be not for one's type.

S는 ~의 형태는 맞지 않다, 어울리지 않다.

예문

① This hat is not for your type.
② The dress is not for your type.
③ The ring is not for your type.

68 I have only + 시간 + to gokill.

S는 오직 ~시간 밖에 없다.

예문

① We have only 2 hours to go to get there.
② I have 5 minutes to kill.
③ He has only 1 hour to go so as to finish the work.

※ so as to : ~ 하기 위해서

69 S + be a little proud of oneself.

S는 건방진 면이 조금 있다.

예문

① He is a little proud of himself.
② You are a little proud of yourself. It make me sick.
※ It makes me sick just to look at you. : 눈꼴시어 너를 못 봐주겠어.
③ She is a little proud of herself.

70 S + be stuck on + N.

S는 N에 미치다, 빠지다, 홀딱 반하다.

예문

① Are you stuck on mathematics?
② I'm stuck on her.
③ You must be stuck on him.

71 S + will do a good job.

S는 일을 잘 할 것이다.

예문

① He'll do a good job.
② I trust that you will do a good job.
③ I am confident that it will do a good job.

72 S + be still hard up for money.

S는 여전히 돈에 옹색하다, 돈에 곤란을 당하다.

예문

① He is still hard up for money.
② I'm still hard up for money nowadays.
③ She wants to work at part-time job because she is still hard up for money.
※ work at part-time job : 아르바이트를 하다.

73 S + have changed a lot.

S는 많이 변했다.

예문

① It changed a lot.

② You have changed a lot over the years.

※ over the years : 수년간

③ She has changed a lot over the past few years.

※ over the past few years : 과거 수년 사이에

74 S + stay away from + N.

S는 N과 멀리하다.

예문

① Children stay away from the fountain. ※fountain : 분수

② I'm trying to stay away from smoking due to hypertension.

③ You've got to stay away from drinking.

75 S + eat like a horse.

S는 음식을 나주 많이 먹다.

예문

① He eats like a horse.

② Don't eat like a horse, if you do so, you're getting fat.

③ She has a tendency to eat like a horse at home.

76 S + have an open hand.

S는 손이 크다, 인색하지 않다, 인심이 좋다.

예문

① He has an open hand to everyone.

② She has an open hand so she cooks a lot everytime.

③ We must have an open hand to everyone.

77 S + get excited.

S는 흥분하다, 신명이 나다.

예문

① Don't get excited! 침착하시오!
② Why are you getting excited?
③ She is getting excited.

78 S + earn a living.

S는 생계를 꾸리다, 밥벌이를 하다, 살림을 꾸려가다.

예문

① It is still difficult to earn a living as porter.
② He is earning a living with all her might.
※ with all one's might : 전심전력을 다하여, 힘껏
③ I've got to earn a living for my family.

79 S + be broken-hearted.

S는 실연당했다, 마음이 아프다.

예문

① I hear that she is broken-hearted.
② You look melancholy. Do you happened to be broken-hearted?
③ I am broken-hearted against my will.
※ against one's will : 본의 아니게

80 S + pay the light bills.

S는 전기세를 내다, 전기 요금을 납부하다.

예문

① I will pay the light bills today.
② You must pay the light bills by tomorrow.
③ I'm here to pay the light bills.

81 ## S + be in need of + N.

S에게는 N이 필요하다.

예문

① I am in need of money.
② I am so in need of help.
③ I am in need of your love.

82 ## S + be nagging someone to + V.

S는 ~에게 V하라고 잔소리를 한다.

예문

① My mother is nagging me to study English.
② She is nagging him to clean this room.
③ She is nagging me to find a job.

83 ## S + be not oneself.

S는 제 정신이 아니다.
→ 어떤 일에 대해 실수를 했을 경우 무엇을 깜빡 잊고 안 했을 경우에 쓰는 표현이다.

예문

① You are not yourself now. Thin hard.
※ think hard : 잘 생각하다.
② Why are you not yourself?
③ I was not myself at that time.
※ at that time : 그 때는

84 ## S+ be very happy to + V.

S는 V를 해서 매우 기쁘다.

예문

① I'm very happy to meet you.
② I'm very happy to hear the good news.
③ My daughter is very happy to receive a beautiful doll.

85 S + be right beside someone.
S는 바로 ~의 옆에 있다.

예문

① Mr. Kim is right beside me.
② I'm very happy that you are right beside me.
③ It's good that she is right beside me.

86 S + know all the angles.
S는 만고풍상을 다 겪었다, 쓴맛 단맛을 다 보다.

예문

① She knows now all the angles.
② We'd been to hell and back, so we know all the angles.
※ to hell and back : 죽을 고생을 하다.
③ I know all the angles.

87 S + be hand-to-mouth.
S는 그럭저럭 지내다.

예문

① He is hand-to-mouth.
② She is stone broke, so she is hand-to-mouth.
※ S + be stone broke. : S는 돈이 한 푼도 없다.
③ Don't be hand-to-mouth.

88 S + be in a position to + V.
S는 V를 할 처지에 놓여있다.

예문

① I' m in a position to stay in Korea for a week.
② She is in a position to leave from Korea owing to unavoidable circumstances.
※ owing to unavoidable circumstances. : 어쩔 수 없는 상황 때문에
③ You must be in a position to have the exam.

89 S + remind me of + N.

S를 보니 N 생각이 나는구나.

예문

① You remind me of my mother.
② She reminds me of my old sweet-heart.
③ He reminds me of my brother.

90 S + be similar to + N.

S는 N과 비슷하다.

예문

① You are similar to me in that.
※ in that : 그런 점에서
② Your opinion is similar to mine.
③ The way of thinking in Korea is similar to China's.

91 S + be not match for + N.

S는 N과 어울리지 않는다.

예문

① She is not match for me.
② Western food is not match for me.
③ Western-style building is not match for us.

92 S + be good match for + N.

S는 N에 잘 어울린다.

예문

① Traditional Korean food is good match for Koreans.
② You are good match for her.
③ The jumper is good match for you.

93 S + be getting ready to + V.

S는 V를 할 준비가 점점 되어 가고 있다.

예문

① I'm getting ready to make money.
② I'm getting ready to leave on a trip overseas.
※ leave on a trip overseas : 해외여행을 떠나다.
③ I'm getting ready to go away for the weekend.
※ go away for the weekend : 주말여행을 떠나다.

94 S + smell something + adj.

~의 냄새가 난다.

예문

① I smell something good.
② I smell something bad.
③ I smell something hot.

95 The rumor says, ~ .

소문에 의하면 ~라고 하더라, 풍문에 의하면

예문

① The rumor says, you speak very good English.
② The rumor says, he is looking for a job.
③ The rumor says, he is deeply interested in female education.
※ S + be deeply interested in + N. S는 N에 깊은 관심이 있다.

96 S + feel kind of bad about + N.

S는 N에 대해서 언짢은 감이 든다.

예문

① I feel kind of bad about your business.
② Do you feel kind of bad about it?
③ She felt kind of bad about your lecture.

97 S + run for one's life.

S는 결사적으로 도망가다, 죽어라고 도망가다.

예문

① The thief ran for his life.
② Are you going to run for your life right now?
③ Don't run for your life.

98 Give someone one's best wishes.

~에게 안부 전해 주세요.

예문

① Please give your parents my best wishes.
② Will you give your father my best wishes?
③ Give her my best wishes.

99 Is it all right to + V?

V를 해도 괜찮습니까?

예문

① Is it all right to read the newspaper?
② Is it all right to meet your daughter?
③ Is it all right to lend me some money?

100 S + always speak of + N.

S는 N의 말을 자주 한다.

예문

① He always speak of this book.
② She always speak of my younger brother.
③ I hear you always speak of me.

II

APPENDIX

꼭 암기해야 할 회화의 알갱이

1 It's my turn.
내가 한 턱 내겠습니다.

2 A man's work is the sweetest thing he owns.
인간의 직업은 가장 신선한 것입니다.

3 Don't tell me that everything against me.
내 비위에 거슬린 소리 하지 마세요.
※ don't tell me ~. : 설마 ~은 아니겠지.

4 That's a sure sign of age.
그건 나이 탓입니다.
※ be a sign of : 전조이다

5 I just want to remind you of this.
이 말 한 마디는 당신께 상기시켜주고 싶어요.

6 A woman should tell herself.
여자는 자기 의 본분을 다 해야 합니다.

7 Stop your nagging.
잔소리 하지 마세요.

8 You're sensible man.
당신은 현명한 분이시군요.
※ sensible man : 지각 있는 사람

9 Things are tough all over.
일이 난처하게 됐어요.
※ Things are tough. : 세상은 각박하다.

10 You couldn't think of a think like that!
당신은 감히 어떻게 그런 생각을 합니까!

11 When you've seen much of life, you can't say such a foolish thing.
당신이 세상일을 다 겪었으면, 그런 어리석은 말은 할 수 없죠.

12 The neighbors will hear us.
이웃 사람들이 우리말을 듣겠어요.

13 It isn't in me.
그건 나에게 맞지 않아요.

14 I'm out of my elements.
난 활동 능력이 없어요.
※S + be out of + N. : S에게는 N이 없다.

15 I was not myself.
난 내 정신이 아니에요.

16 Now it's settled.
이제 결정됐어요.

17 I don't know the A.B.C of English.
난 영어의 "영"자도 모릅니다.

18 I don't know the A.B.C of music.
난 음악의 "음"자도 모릅니다.

19 I don't know the first thing about Mathematics.
난 수학의 "수"자도 모릅니다.

20 You see through my mind.
당신은 내 마음을 알고 있군요.
※ see through one's mind : ~의 마음을 환히 알다

21 You're a good mixer.
당신은 사교적인 사람이군요.
※ good mixer : 사교적인 사람, 교제를 잘하는 사람

22 What's the latest trend in skirts?
최근 유행하고 있는 스커트는 무엇인가?

23 Fine feathers make fine birds.
옷이 날개다.

24 I'm in for trouble.
난 지금 고민 중이다.

25 That's the limit.
더는 못 참겠다.

26 There you go loafing again.
너 또 빈둥거리는구나.

27 That's just what scares me.
난 그것이 제일 겁난다.

28 Thanks for coming to see me off.
나를 전송해주니 고맙습니다.
※see someone off : ~를 전송배웅하다

29 I hate to see you go.
네가 떠난다니 서운하구나.

30 It's just the age.
나이가 그럴 때다.

31 Don't trouble about small thing.
사소한 일에 신경 쓰지 마세요.

32 Things are pretty rough for him at home.
그 애는 집에서 다루기는 힘든 놈이다.

33 Fancy meeting you here.
여기서 우연히 만나군요.

34 What a coincidence!
우연의 일치구나!

35 groom-to-be
신랑감

36 bride-to-be
신붓감

37 There is not breeze.
바람이 안 분다.

38 I came at just the right time.
마침 잘 왔다.
※just the right time : 알맞은 때에

39 **I'm at my best.**
나는 한창 때다.
※at one's best : 한창 때에, 가장 좋은 상태에서

40 **He is in everybody's way.**
그는 누구에게든지 눈에 거슬린 행동을 한다.

41 **Life is fleeting.**
인생은 허무하다.

42 **Those were the days.**
그 때가 좋았지.

43 **Oh, I remember now!**
오, 이제 생각이 난다.

44 **It's amazing how quickly the years roll by.**
세월이 얼마나 빠른지 놀라울 정도다.
※roll by : 세월이 지나가다

45 **You really have to come and visit me more often.**
우리 자주 좀 만납시다.

46 **It's up to my ears.**
나는 눈코 뜰 사이 없이 바쁘다.

47 **What's the population of this city?**
이 도시의 인구는 얼마나 되죠?

48 **The heavy traffic makes me dizzy.**
교통이 복잡해서 현기증이 난다.

49 **There is something fishy about the way you say.**
당신이 그렇게 말하는 걸 로 봐서 뭔가 수상해요.

50 **What I have to say can wait.**
내 말은 천천히 들어도 된다.

51 **You know how it is when you're up to your ears.**
사람이 눈코 뜰 사이 없이 바쁘다보면 그럴 수도 있지.

52 Pay a lot of attention.
정신 똑바로 차려라.

53 Are you comfortable here?
여기에서 지낼 만합니다.

54 How much longer are you going to be here?
여기서 얼마동안 있을 겁니까?

55 I'm going to stay here until I get into really good shape.
난 건강을 회복할 때까지 여기에 있을 겁니다.

56 Say, that's great!
야, 멋있다!

57 I'm barking at the moon.
난 헛다리 짚고 있다.

58 It doesn't make sense.
그건 말도 안 돼.

59 I'm pretty well set at another studio.
나는 다른 스튜디오에 교섭이 잘되고 있습니다.

60 That'll tie you up for a while.
너는 당분간 꼼짝 못하겠다.
※tie up : 묶다, 단단히 동여매다, 단단히 묶다.

61 I think my dad is different.
나의 아버지가 좀 달라진 것 같아요.

62 Fathers are the same everywhere.
아버지들은 누구나 다 마찬가지야.
※same everywhere : 어디에서나,

63 A : Where have you been keeping yourself all these days?
너 요즈음 어디에 있었어?

B : You don't have to look for me.
나 같은 사람 찾을 필요 없어.

64 A : I'm always at a loss when I mingle among Americans.
난 미국인들과 자리를 같이 할 때는 항상 당황한다.

B : I can well imagine it.
짐작이 가고도 남음이 있다.
※mingle among : ~와 어울리다

65 A : He got me into a lot of trouble.
그가 나를 골탕 먹였다.

B : I can hardly believe it.
믿어지지 않는데.

66 A : I'm not at home now.
나는 지금 심정이 괴롭다.

B : Do you really mean it?
정말이야?

67 A : Did you go fishing today?
오늘 낚시 갔어?

B : I haven't been out of the house all day long.
온종일 집안에 있었어.

68 A : I fixed a little snack.
간단히 식사를 만들었어요.

B : Okay, I will rush home.
좋아, 곧장 집으로 갈게.
※fix a snack : 가벼운 식사를 준비하다

69 A : We've got to make our stands against their plans.
우리는 그 계획에 대해서 대책을 세워야 합니다.

B : No, we don't have to.
아니요, 그럴 필요 없어요.

70 A : What if the rumors come true?
만약 그 소문이 사실이라면?

B : Don't worry about that.
걱정하지 마세요.

71 A : Will you count on me? I'm going to do my best.
나 한 몫 끼워줄래? 최선을 다할게.

B : If you make a great show of doing that.
만약 네가 그것을 악착같이 한다면.
※make a great show of + ~ing : ~ing를 악착같이 하다, ~을 능란하게 처리하다, ~을 과시하다, ~을 확실하게 처리하다,

72 A : Just say the words.
무조건 명령만 하시오.

B : Then will you smell out their tactics?
그런 그들의 전략을 탐지하겠습니다.
※smell out ~ : ~을 탐지하다

73 A : When will you require me to go there?
언제 거기에 가면 좋아요?

B : At the first light of day if possible.
※at the first light : 동이 트자마자

74 A : Just leave it to me.
나에게 맡기면 됩니다.

B : Thank you.
고맙습니다.

75 A : You look like someone from overseas.
당신은 외국에서 오신 분 같습니다.

B : I'm fresh from Korea.
한국에서 온지 얼마 안 됩니다.

76 A : Mind if I ask you where you're headed for?
실례지만 행선지가 어디시죠?

B : I'm going to Los Angeles.
L.A로 가고 있습니다.
※Do you mind if ~? : ~해도 될까요?
※be headed for ~ : ~로 향하다

77 A : Our meeting is quite an accident.
우리는 우연히 동행이 되었습니다.

B : Yes, it is. Anyway, I was fortunate to meet you.
네 그렇습니다. 아무튼 당신을 만나 것이 다행입니다.
※be fortunate to : ~해서 다행이다, 행운이다.
※be quite an accident : 우연히 만나다

78 A : As the story goes, Mr.Kim doesn't get along with her.
소문에 의하면, Mr.Kim은 그녀와 사이가 안 좋다고 하던데요.

B : So that's it!
아 그렇군요!
※as the story goes : 소문에 의하면
※get along with : ~와 잘 지내다

79 A : Nothing comes from fighting.
싸워서 이익될 건 하나도 없어요.

B : I think so.
나도 그렇게 생각해요.

80 A : Don't start the rumor going.
쓸 데 없는 소리 퍼뜨리지 마세요.

B : Yes, I will.
※start the rumor : 소문을 퍼뜨리다

81 A : They are not together.
그들은 별거하고 있다.

B : There is no room for doubt.
의심의 여지가 없군요.
※no room for doubt : 의심의 여지가 없다

82 A : There is no smoke without fire.
아니 땐 굴뚝에 연기날까.

B : You might be right.
그것도 일리가 있네요.

83 A : How have you been these days?
요즈음 어떻게 지내나요?

B : Well, I'm at a loss for an answer.
글쎄요, 대답하기 곤란합니다.
※be at a loss : 어쩔 줄 모르다, 갈팡질팡하다, 맥맥하다

84 A : Things have come to a peculiar pass.
신세가 따분하네요.

B : But there is nothing I can do about that.
그렇지만 불가피한 형편이잖아요.

85 A : You'll have to something about that.
당신은 그것에 대해 대책을 강구해야 할 겁니다.

B : That's just it.
바로 그게 문제입니다.

86 A : Oh, here is what I suggest.
아, 좋은 수가 있다.

B : Any good choice?
무슨 해결책이라도 있나요?

87 A : When the worst comes to the worst, you can take my job.
최악의 경우에는 당신이 내일을 대신할 수 있어요.

B : Oh, nuts! I wouldn't do that for anything.
아이 싱거운 소리! 다해도 그것만은 못합니다.
※when the worst comes to the worst : 최악의 경우에는

88 A: Is that all you've got to say?
기껏 한다는 소리가 그거야?

B : You know how it is when you're in trouble.
사람이란 곤경에 처하면 그럴 수도 있어요.
※be in trouble : 난경에 처하다, 곤경에 빠지다

89 A : What do you know!
너 제법이구나!

B : You're a big boy now.
너 많이 컸구나.

90 A : I have to think hard from now on.
나도 이제부터 정신 바짝 차려야지.

B : That's good idea.
그것 참 좋은 생각이다.
※think hard : 골똘히 생각하다, 정신 차리다

91 A : Here is a cushion for you.
여기 앉으세요.

B : Thank you.
고맙습니다.

92 A : Was the movie good?
영화 좋았어요?

B : Well, it was so sae. I couldn't hold back my tears.
너무 슬펐어요. 난 눈물을 흘릴 수밖에 없었어요.
※hold back one's tear : 눈물을 참다

93 A : I'm short of hands.
일손이 부족해요.

B : Don't worry about that. I will help you.
걱정 말아요. 내가 도울게요.

94 A : I'm sure you'll find a lot of satisfaction in doing it yourself.
난 네가 스스로 그 일을 하는 데 만족할 것이라고 확신한다

B : This is the way I look at it.
내가 본 견해는 그렇다.

95 A : All you have to do is to study English.
당신은 영어만 공부하면 돼요.

B : I'm going to be hard.
그거 힘들 거예요.

96 A : Besides being economical, it's a lot of fun.
경제적인 면을 떠나서 그것은 재미있어요.

B : That's what I was going to tell you.
그건 내가 당신에게 말하려고 했던 거예요.
※besides being economical : 경제적인 면을 떠나서

97 A : We're going to have another hot day.
오늘은 덥겠다.

B : I can't stand this heat.
난 이 더위를 못 견디겠어요.

98 A : You speak very softly.
당신 목소리는 아주 가늘어요. (부드러운 목소리)

B : Oh, I'm sorry.
아 죄송합니다.

99 A : Out of sight, out of mind.
안 보면 잊어버려요.

B : I think so.
저도 그렇게 생각합니다.

100 A : I lost my voice now.
전 지금 목이 쉬었어요.

B : You'd better go to see an ENT doctor.
이비인후과 의사에게 가봐.

[저자 약력]

김 재 신

연세대학원 졸업
Amkor Technology Korea 근무
경성고등학교 교사, 이화여대부속중학교 교사
UNICO 문화센터에서 생활영어 강의
'마포신문'에 영어 컬럼 게재
월간지 「환경」에 영어 컬럼 게재

저서 : My Speaking English I

My Speaking English II 정가 12,000원

저 자 : 김재신

발행인 : 임해진
발행처 : 도서출판 구미서관

인쇄 : 2015년 9월 1일 초판
발행 : 2015년 9월 7일 초판

등록 : 1979년 6월 29일 No.9-6호

주소 : 서울시 마포구 신촌로 2길 5-15 구미빌딩
전화 : 02-333-1101
팩스 : 02-335-2201
http://www.goomibook.com

ISBN : 978-89-8225-452-9[93700]